T0153729

Berliner Arbeiten zur Erziehungs- und Kulturwissenschaft

Band 1

Herausgegeben von Christoph Wulf
Freie Universität Berlin
Fachbereich Erziehungswissenschaft und
Psychologie

Die Reihe *Berliner Arbeiten zur Erziehungs- und Kulturwissenschaft* verfolgt das Ziel, herausragende Abschlussarbeiten einer breiteren Öffentlichkeit zugänglich zu machen. Die hier veröffentlichten theoretischen, historischen und empirischen Arbeiten repräsentieren die Bandbreite und Qualität der wissenschaftlichen Ausbildung. Damit sprechen sie sowohl das an kleineren, aber präzisen und originellen Studien interessierte Fachpublikum an als auch Studierende, die in den hier publizierten Arbeiten Modelle und Anregungen für ihre eigenen Projekte finden können.

Diese Publikation wurde durch einen Druckkostenzuschuss des Fachbereichs Erziehungswissenschaft und Psychologie der Freien Universität Berlin gefördert

Benjamin Jörissen

Identität und Selbst

Systematische,
begriffsgeschichtliche
und
kritische Aspekte

Logos Verlag, Berlin 2000

Die Deutsche Bibliothek – CIP-Einheitsaufnahme

Jörissen, Benjamin:
Identität und Selbst: systematische, begriffsgeschichtliche und kritische Aspekte / Benjamin Jörissen. - Berlin : Logos-Verl., 2000

(Berliner Arbeiten zur Erziehungs- und Kulturwissenschaft; Bd. 1)
ISBN 3-89722-535-2

Umschlaggestaltung: Lothar Detges, Krefeld

ISBN 3-89722-535-2

Logos Verlag Berlin
Gubener Str. 47
10243 Berlin
Tel.: +49 030 42 85 10 90
Fax: +49 030 42 85 10 92
INTERNET: http://www.logos-verlag.de

Inhalt

Vorwort

Diese Untersuchung basiert auf einer im Fachbereich Erziehungswissenschaft und Psychologie der Freien Universität Berlin entstandenen Magisterarbeit. Als solche kannte sie ihre Adressaten und konnte sich, um nicht angesichts der Komplexität des gestellten Themas den gegebenen Rahmen zu sprengen, an einigen Stellen mit kurzen Verweisen begnügen; wissend, daß die Leser mit der Materie wohlvertraut sind. Für andere Leser kann daher stellenweise der Eindruck einer leicht gedrängten Darstellungsweise entstehen: nicht immer werden die behandelten Theorien expliziert; häufig mußte aufgrund der Komplexität des Themas ein Verweis ausreichen. Eine nachträgliche Ausarbeitung der entsprechenden Passagen hätte jedoch mühelos den Rahmen dieser Veröffentlichung gesprengt.

Wiewohl die vier Kapitel als Ganzes eine gewisse Positionierung der Identitätsbegrifflichkeiten zu leisten beanspruchen, können die Abschnitte (Systematik: Kapitel 1, Geschichte: Kapitel 2, Identitätsbegriff G. H. Meads: Kapitel 3 und 4) je nach Interesse auch einzeln bzw. in anderer Reihenfolge gelesen werden.

Ich danke Prof. Dr. Dieter Geulen für seinen ermutigenden Zuspruch und die intensive Betreuung der Arbeit, Prof. Dr. Christoph Wulf für sein Engagement und die Anregung, sie in dieser Reihe zu veröffentlichen, sowie dem Fachbereich Erziehungswissenschaft und Psychologie der Freien Universität Berlin für die finanzielle Förderung dieser Veröffentlichung.

Ebenfalls danke ich den TeilnehmerInnen des von Prof. Dr. Geulen und PD Dr. Hermann Veith geleiteten sozialisationstheoretischen Kolloquiums, die mich auf meinen transdisziplinären Ausflügen in Sozialphilosophie und Begriffsanalytik stets mit Interesse – und wohl auch einiger Geduld – begleiteten.

Last not least gilt mein besonderer Dank meiner Frau. Mehr als einmal brachten mich ihre kritischen wie auch psychologisch versierten Anmerkungen dazu, Thesen zu präzisieren und Formulierungen zu verbessern.

Gewidmet sei dieses Buch meiner Großmutter und dem Andenken meines Großvaters. Beiden verdanke ich unendlich viel.

Berlin, September 2000   B. J.

Einleitung

Der Begriff der Identität ist eine zentrale humanwissenschaftliche Kategorie des 20. Jahrhunderts. Von (beispielsweise) G. H. Meads Modell des in der sozialen Interaktion entstehenden ‚self' über Eriksons Begriff der *Ich-Identität*, Goffmans Untersuchungen zur *personalen* und *sozialen Identität* und Habermas' Gedanken der *Balance-Identität* bis zu zeitgenössisch verbreiteten Konzepten *narrativ* bzw. *selbstreflexiv konstruierter Identität* findet er in verschiedenen Versionen Eingang in die Überlegungen zum vergesellschafteten Subjekt und eröffnet auf diesem Weg einen Zugang zu sozialpsychologischen, soziologischen und auch sozialphilosophischen Erwägungen. Die (seit der sog. ‚realistischen Wendung' in den Erziehungswissenschaften in der BRD noch gesteigerte) Bedeutung der Identitätskategorie blieb jedoch nie unbestritten. Rationalitätskritische Strömungen, von Nietzsche über Heidegger, die Kritische Theorie bis zu Lacan, Foucault, Derrida, Deleuze/Guattari, der postmodernen feministischen Theorie etc. grenzten sich durch Identitätskritik vom sozialphilosophischen und sozialwissenschaftlichen Identitätsdiskursen ab.[1]

Die solchermaßen sowohl fachlich wie paradigmatisch außerordentlich weit gestreuten Diskurse sowie der – für diese Kategorie geradezu charakteristische – „inflationäre Gebrauch des Wortes ‚Identität'" (Mollenhauer 1983:156) stellen Interessierte vor erhebliche Probleme hinsichtlich dessen, was eigentlich unter diesem Begriff verstanden werden darf – eine Frage, die im Eifer des Gefechts zwischen ‚Modernen' und ‚Postmodernen' leicht in den Hintergrund geraten konnte. Aus diesem Grund ist eine systematische und historische Beleuchtung dieser zentralen erziehungswissenschaftlichen Kategorie mehr als überfällig. Die schon berüchtigte Unschärfe dieses Begriffs in humanwissenschaftlichen wie auch in alltagssprachlichen[2] Diskursen provoziert die hartnäckige Frage nach seinem Inhalt sowie seinem Verhältnis zu angrenzenden Ausdrücken (Ich, Ich-Identität, Selbst, Individualität, etc.). Die diversen Monographien zur Identitätsterminologie schaffen hierbei insofern

---

[1] Im wesentlichen existieren wohl zwei Positionen: die erste kritisiert Identität als (reale) Instanz des Zwangs und der Unterdrückung: vgl. z. B. Horkheimer/Adorno, *Dialektik der Aufklärung*, S. 40; Adorno, *Negative Dialektik* (pass.); Hack 1977 (pass.); Foucault 1987:246 f. Die andere Position hält Identität hingegen für eine hypostasierte Fiktion: vgl. bspw. Nietzsches Begriff des ‚Selbst': *Zarathustra*, ‚Von den Verächtern des Leibes'; dto. bei Heidegger, *Sein und Zeit*, S. 130; Identität als Effekt der ‚différance': Derrida 1990:34; als referenzloses Simulacrum: Baudrillard 1982:43; als aufklärerische Ideologie im Interesse des Aufschubs des Erwachsenwerdens: Lenzen 1991:48; als (real wirkungsmächtige) Fiktion: Stroß 1991.

[2] Vgl. Schmidt 1976

wenig Abhilfe, als sie fast ausnahmslos den Diskussionen ihrer jeweiligen fachlichen Herkunft verhaftet bleiben (v. a. Psychologie, Philosophie, Soziologie, Erziehungswissenschaft, Ethnologie). So basiert beispielsweise Levitas (1971) Arbeit auf Eriksons psychoanalytischen bzw. sozialpsychologischen Identitätsvorstellungen; Krappmanns (1971) auf der des symbolischen Interaktionismus, Henrichs (1979) Synopse auf den diversen philosophischen Terminologien, Recks (1981) Darstellung allein auf Goffmans Begrifflichkeit, Bucks (1984) Rekonstruktion verfolgt ausschließlich eine neohumanistische Perspektive (ohne auf personale Identität einzugehen), Angehrns (1985) verfolgt eine historisch-biographische Perspektive, E. Becks (1991) Darstellung beschränkt sich auf Kierkegaard, Adorno und Habermas, Lohauß (1995) behandelt im wesentlichen Erikson, Mead und Elias, Haußer schließlich (1995) widmet sich, seinem Fach entsprechend, Erikson sowie der Selbstkonzeptforschung. – Diese Liste ließe sich unschwer um einige Einträge erweitern.

Die genannten Disziplinen reden häufig aneinander vorbei, was aufgrund der Fachspezialisierungen ihr gutes Recht sein mag. Sie isolieren den für sie relevanten Aspekt, woraus bisweilen eine zwar partikulare, jedoch geschärfte Identitätsbegrifflichkeit entsteht, die überhaupt erst eine fachspezifische Forschung möglich macht. Problematisch ist diese Situation jedoch für interdisziplinäre Ansätze, wie eben Erziehungswissenschaft und Sozialisationstheorie. Hier begegnen sich die Terminologien unterschiedlichster Felder, ohne daß ein handhabbares Orientierungsangebot greifbar wäre.[3] Aus der Sicht einer interdisziplinär orientierten Sozialpsychologie hat Keupp (1997) auf diesen anhaltenden Mißstand reagiert und die diversen aktuellen Identitäts*diskurse* differenziert. Dieser hilfreiche Ansatz vermag jedoch nicht die insistente Frage nach der Begrifflichkeit selbst zu befriedigen – denn *erstens* sind die verschiedenen Diskurse nicht systematisch aufeinander bezogen (entsprechend heterogen fällt die von Keupp angebotene Diskurs-Typologie aus) und *zweitens* verwenden dieselben sehr unterschiedlich scharfe Terminologien, so daß sich genauere Rückschlüsse auf die Begriffe nicht durchgehend ziehen lassen.

Aus dieser Motivation heraus lautet die Fragestellung dieser Untersuchung zunächst: was sich eigentlich unter dem Begriff der Identität verstehen läßt, welche verschiedenen Bedeutungen existieren und in welchem Verhältnis sie zueinander stehen. – Es ist aufgrund dieser kritisch-rekonstruktiven Absicht, wie ich betonen möchte, *nicht* das Ziel dieser Arbeit, etwa eine Übersicht über die neuesten Diskussionen zu Identität (und Differenz) zu liefern; vielmehr soll aus der *rekonstruktiven* Analyse heraus eine kritische Position in Form

---

[3] Eine sehr erhellende Diskussion der Begriffsproblematik und der Beziehung der diversen Identitätsdiskurse zur Erziehungswissenschaft bietet neuerdings Klika (2000).

eines handlungstheoretisch orientierten Modells innersubjektiver Differenz gewonnen werden.

Zur Gliederung der Arbeit: In einer Doppelstrategie wird zuerst eine systematische Begriffsanalyse vorgenommen, die eine hinreichende logische Abgrenzung verschiedener *formaler* Identitätskategorien voneinander gewährleisten soll (Kapitel 1). Es zeigt sich anhand der hier gewonnenen Elementarkategorien interessanterweise, daß Identität nicht unbedingt und nicht primär mit synchroner Einheitlichkeit bzw. diachroner Kontinuität konnotiert werden muß (dies waren die wesentlichen Angriffspunkte der Identitätskritik). Eine gezwungenermaßen sehr knappe historische Rekonstruktion soll, ergänzend zur zwar trennscharfen, aber inhaltlich relativ indifferenten Formalanalyse, historische Implikationen unserer modernen Vorstellungen von Personalität herausstellen. Wie sich zeigt, kann man drei Idealtypen isolieren; zwei von diesen sind der monumentalen Arbeit Charles Taylors (*Quellen des Selbst*, 1996) entlehnt: das ‚desengagierte' Ich und das ‚expressivistische' Selbst; den dritten bildet der Idealtypus der Identität auf der Basis von ‚Sozialität' (Kapitel 2). Auf dieser Grundlage erst kann *eine*, in Erziehungswissenschaft und Sozialisationstheorie vorrangig relevante Bedeutung von ‚Identität' abgegrenzt und kritisch-konstruktiv am Modell der Theorie George Herbert Meads diskutiert werden. Dabei wird sowohl der ontogenetische als auch der handlungstheoretische Blick auf Identität berücksichtigt (Kapitel 3). In der Mead-Rezeption bisher wenig beachtete Implikationen führen zu einem komplexen, in sich vermittelten Begriff des ‚Selbst', anhand dessen identitätskritische Gedanken aus der vorgebrachten Mead-Interpretation *heraus* – also nicht in einer Identitätskritik vom Standpunkt eines anderen Paradigmas aus, die immer Gefahr läuft, ihren Gegenstand nur von außen, mithin verkürzt wahrzunehmen – entfaltet werden. Das Schlußkapitel zeigt auf, daß die über kanonische Interpretationen hinausgehende Befragung dieses sozialisationstheoretischen Klassikers (der schon oft eine Vielfalt überraschender Bezüge geliefert hat: vgl. etwa Joas (Hg.) 1985; Bender 1989 und v. a. Wagner 1993), geradewegs zu Thematiken der historisch-pädagogischen Anthropologie – Mimesis, Körperlichkeit, Selbstfremdheit, der Andere, Aisthesis/Ästhetik – führt (Kapitel 4).

1. Kapitel: Was läßt sich unter ‚Identität' verstehen? – Analytische Dimensionen des Identitätsbegriffs

1.1 Vorhandene Metakategorien

Die sozialwissenschaftlichen und sozialphilosophischen Diskussionen um den Begriff der Identität haben sämtlich mit der Komplexität dieses Phänomens und infolgedessen stets mit mangelnder Klarheit über das, was unter ‚Identität' verstanden werden soll, zu kämpfen. Die differenzierte Betrachtung des Identitätsbegriffs ist auf *metatheoretische* Kategorien angewiesen, deren Brauchbarkeit entscheidend zum Verständnis und zur Kritik von Identitätstheorien beiträgt. So hat beispielsweise Tugendhat anhand der Unterscheidung zwischen ‚numerischer' und ‚qualitativer' Identität gezeigt, daß Habermas, dessen Arbeiten zumindest im deutschsprachigen Raum von erheblichem Einfluß auf den Begriff der Identität waren, zwei divergente Verständnisse von Identität im Zuge seiner dreistufigen Entwicklungstheorie der Identität[4] miteinander vermischt:

> „Auf der zweiten Stufe, der der ‚Rollenidentität', geht es offensichtlich um qualitative Identität. So wie Habermas hingegen die erste und dritte Stufe charakterisiert, soll es bei ihnen um Individualität, um numerische Identität gehen. Dann ist es aber unklar, *was* es eigentlich überhaupt ist, um dessen Entwicklung es sich hier handelt." (Tugendhat 1979:285)

Angesichts dieser irritierenden Lage stellt Tugendhat zu Recht fest, daß sich in Habermas' Theorie, im Gegensatz zu Erikson oder de Levita, „die beiden Bedeutungen noch relativ leicht erkennen lassen. Überall in der relevanten Literatur [...] laufen die beiden Bedeutungen unerkannt und in einer für den logisch denkenden Leser ungemein beirrenden Weise durcheinander" (ebd.). Habermas nahm diese Kritik auf (1995b/1985:155) und differenzierte in der Folge im Sinne Tugendhats: „So kann ein Mensch *numerisch* durch die raumzeitlichen Abschnitte identifiziert werden, die sein Körper einnimmt. Hingegen sprechen wir von *qualitativer* Identifizierung, wenn wir denselben Menschen durch eine bestimmte Genkombination, durch eine soziale Rollen-

---

[4] Habermas (1976) konzipierte in Anlehnung an Kohlbergs Stufentheorie der Moralentwicklung die Entwicklung von der ‚natürlichen Identität' des Säuglings über die ‚Rollenidentität' des Kindes und Heranwachsenden bis zur (postkonventionellen) ‚Ich-Identität' des Adoleszenten.

konstellation oder durch ein biographisches Muster kennzeichnen" (Habermas 1992:192).

Einen weiteren Schritt zur Klärung unseres Begriffsproblems entnehmen wir der von Angehrn diskutierten *temporalen* Kategorie der Selbigkeit:

„[...] in Anwendung auf Personen und geschichtliche Prozesse führt sie zu der Frage, nicht *wer* jemand durch seine Geschichte wird oder wer er – unter anderem – ist, sondern *ob* er in seinen verschiedenen Qualifikationen, Rollen etc. oder im Lauf seiner Geschichte derselbe ist. Inhaltlich wird diese Bestimmung von Belang, wenn von der ‚Identität des Bewußtseins zu verschiedenen Zeiten', oder wenn von ‚Identitätsspaltung', ‚Identitätsverlust' oder auch von der ‚Konsistenz' oder ‚Kontinuität' eines zeitlichen Zusammenhangs die Rede ist." (Angehrn 1985:237)

Die zeitliche Perspektive bezieht sich aber – logischerweise – nicht nur auf Qualifikationen und Rollen (d.h. auf qualitative Identität), sondern ebenso auf numerische Identität.[5] Darin ist bereits der methodische Hinweis enthalten, daß die temporale Betrachtung *eine Dimension* möglicher Identitätsbegriffe darstellt, die mit der qualitativen bzw. numerischen Identität (welche mithin in dieser Betrachtung ebenso zwei Pole *einer* Dimension darstellen) kombiniert werden kann – diese Systematisierung greift Angehrn allerdings nicht auf. Es ist bemerkenswert, daß auch vor Angehrn (1985) die Differenz von synchroner und diachroner Identität zwar zwangsläufig ständig in den Diskussionen auftaucht, jedoch kaum systematisch als eigene Dimension aufgegriffen wurde.

Ein dritter Beitrag zur Begriffsdifferenzierung stammt von Nunner-Winkler (1985), die eine Indifferenz bezüglich der Innen/Außenperspektive seitens der interaktionistischen Identitätstheorie anmahnt.[6] Zur Abhilfe schlägt sie eine differenzierte Schematisierung des Identitätsbegriffs unter Ergänzung dieser neuen Dimension vor. Leider jedoch ist die in diesem Schema zentrale Unterscheidung von Identität und Individualität je nach Begriffsverständnis zwar plausibel, aber nicht unproblematisch.[7] Nicht zufällig lassen

---

[5]   „Die numerische Identität von in der Zeit existierenden Wesen impliziert die Möglichkeit, sie zu verschiedenen Zeitpunkten als ‚dieselben' zu identifizieren. [...]" (Angehrn 1985:306).

[6]   So stellt Nunner-Winkler im Lichte der vorgestellten Differenzierung zwischen innerer und äußerer Identität fest: „‚Persönliche Identität' ist bei *Goffman* ein klar aus der Außenperspektive definiertes Konzept. *Krappmann* und *Habermas* haben dies mißverstanden und dem Konzept eine Definition aus der Innenperspektive unterlegt" (Nunner-Winkler 1985:468, Fußnote. 3).

[7]   Plausibel wird die Unterscheidung zunächst dann, wenn unter Individualität eine gewisse ‚Abständigkeit' (Heidegger, *Sein und Zeit*, S. 127) von anderen verstanden wird, unter Identität aber die Sichselbstgleichheit. Diese Vorstellung ist aber eine vermittelte und

14

sich die Beiträge derjenigen Autoren, welche wesentliche Beiträge zur For-
mierung des *Identitäts*gedankens geleistet haben, als *„Individuations*modelle"
(Geulen 1989:108 ff.) charakterisieren. Ebensowenig zufällig ist auch der
(qualitative) Individualitätsbegriff, wie ihn etwa Habermas (1992:194) unter
Rekurs u. a. auf Leibniz faßt, als *principium identitatis* in den philosophischen Kanon eingegangen.[8] Aber auch der Begriff *numerischer* Individualität
(im Sinne ungeteilter Ganzheit) impliziert Identität im Sinne der Sichselbstgleichheit (wenn auch nicht, was Strawsons Fragestellung war, Identifizierbarkeit): wo ein A ist, da ist notwendig (und trivialerweise) A = A. In beiden Fällen ist die Frage nach Individualität *versus* Identität mehr eine in der
Betrachtungsperspektive als eine in der Sache liegende.

Problematisch an Nunner-Winklers Klärungsversuch ist weiterhin das Kriterium der Außen- vs. Innen*perspektivität*. Insofern Identität sich, zumindest
in der Entwicklungsperspektive, gerade durch die Übernahme der Außenper-

---

liegt nicht als primäres Moment im Begriff, denn die Verschiedenheit von anderen ist
kein inneres Kriterium von Individualität. Wie die Betrachtung zu Leibniz (s.u.) zeigt,
ist Individualität ein qualitativ bestimmtes So-Sein der Monade als Atomos, Ungeteiltes,
In-dividuum. In-dividuum sein heißt insofern, verschiedene Qualitäten in einer (numerisch selbstidentischen) Einheit zu vereinen. Daß jede Monade von der anderen verschieden ist, liegt dabei daran, daß nicht zwei Monaden zugleich an einem Ort existieren
können. Die unterschiedliche Positionierung spiegelt sich in einer unterschiedlichen
qualitativen ‚Zusammensetzung' der Monade wider – Individualität der Individuen ist
somit ein *sekundärer*, wenngleich notwendiger Effekt. Daß die anzutreffenden Indivi-
dualitäten unterschiedlich sind, ist also eine Folge der *stets notwendig* von Individuum
zu Individuum unterschiedlichen gesellschaftlichen Positionen (Lebensläufe etc., ganz
abgesehen von biologischen Differenzen). Andersherum ist in dieser Hinsicht jedes Individuum *notwendig* unterschiedlich, so daß die Besetzung des Begriffs ‚Individualität'
mit Bedeutungen wie Unverwechselbarkeit und Einzigartigkeit denselben streng genommen überflüssig machte.
Tatsächlich aber bringt man häufig den Begriff der Individualität (nun als *graduellen*
Begriff aufgefaßt) als Gegenbegriff etwa zu ‚Normiertheit' oder ‚Angepaßtheit' in An-
schlag. Diese beiden Verwendungsweisen müssen also begriffslogisch scharf voneinander geschieden werden. Im ersten Sinne des Wortes verfügt natürlich auch der Angepaß-
te über eine Individualität, freilich eine normierte (die er dennoch in einem gewissen
Maße individuell gestaltet wird). Hinsichtlich der Differenzierung von Identität und Individualität ist aber auch hier kritisch zu bemerken, daß der Begriff persönlicher Identität zumeist gerade im Sinne der je eigenen Individualität verwendet wird (so auch von
Döbert/Nunner-Winkler 1975), und analog der Begriff sozialer Identität im Sinne der
objektiven Individualität (der Lebenslagen, vgl. Beck 1986:207) Verwendung findet.

[8] Lorenz 1976:146. Auch die umgangssprachliche Bedeutung des Wortes Identität weist
diese Zweideutigkeit auf. Während in Objektbeziehungen *„Identität* a) das ‚Ergebnis
des Identifizierens', ist und b) ein Sammelbegriff für [...] individualisierende Daten
[...]", wird ‚Identität' in Subjektbeziehungen fast ausschließlich zur Kennzeichnung der
eigenen *Individualität* verwendet, etwa in der Form des ‚Suchens nach (oder auch Findens, Gewinnens) der eigenen (persönlichen, wahren) Identität' (Schmidt 1976:336 und
S. 340 f.).

spektive konstituiert (vgl. die im zweiten Teil vorzustellende Theorie G. H. Meads), ist die Zuordnung einer ‚innerperspektivischen Identität' zumindest von der sozialen Außenperspektive ‚kontaminiert', wo nicht von ihr vollständig durchdrungen.

1.2 Die Matrix der Identitätsbegriffe

1.2.1 Konstruktionsprinzip und Dimensionen

Ich möchte im folgenden ein Begriffsschema vorschlagen, welches auf den genannten Klärungsansätzen aufbaut und diesen gegenüber einige Vorteile aufweist:

1) Es bezieht sich auf Identitäts*begriffe* und nicht primär auf Identität als Phänomen. Dadurch ist es prinzipiell möglich, unterschiedlichste theoretische Konzeptualisierungen, Aspekte und Nuancen des Phänomens der Identität zu integrieren. Zugleich wird eine ‚Ontologisierung' von Identität vermieden, womit auch eine implizite ‚Substantialisierung' des Gegenstands ausgeschlossen ist.

2) Das Schema wird durch Kreuzung dreier Dimensionen (dichotome Begriffspaare) gewonnen, so daß es sich um ein analytisches, insofern eindeutiges Schema handelt. Als analytisches Schema sagt es – neben der Einordnung – wenig Spezifisches über die unter ihm befaßten Kategorien aus. Die in einem Feld versammelten Begriffe können sehr verschiedener Natur sein. Daraus erhellt, daß die hier vorgenommene Schematisierung die Notwendigkeit der inhaltlichen Diskussionen völlig unangetastet läßt. Es tritt zu diesen nicht in Konkurrenz, sondern verfolgt die alleinige Aufgabe, die ubiquitären Kategorienverwechslungen potentiell aufzuklären und den jeweiligen Diskussionen dadurch, sei es *ex post*, mehr Festigkeit zu verleihen.

3) Die Dimensionen des Schemas wurden in Anlehnung an die oben referierten Begriffsdiskussionen gewählt, so daß weitgehende Übereinstimmungen mit diesen gewährleistet ist. Durch seine analytische Universalität kann es sowohl auf zeitgenössische als auch auf historische Theorien angewendet werden. Die Dimensionen lauten im einzelnen:

1. Dimension: subjektive vs. objektive Identität. Wir unterscheiden aus den soeben genannten Gründen nicht mit Nunner-Winkler (1985) zwischen Innen- und Außenperspektive, sondern zwischen subjektiver, im individuellen Bewußtsein ‚lokalisierter' Identität und objektiver, gesellschaftlicher, qua sozialer Position oder Lebenslage verorteter Identität. An zentraler Stelle (der Individualisierungsdebatte) wurde diese Unterscheidung von Beck

16

(1986:207) geltend gemacht. Erstere erschließt sich allein aus dem Handeln des Individuums; letztere besteht im wesentlichen in Form ‚institutionalisierter' Informationen über ein Individuum, die man zwar aus seinem Handeln abzuleiten bestrebt sein mag, jedoch damit nicht verifizieren kann, weil es sich um objektive (oder intersubjektive) gesellschaftliche Tatsachen handelt. Als subjektive Identitätsbegriffe in unserem Sinn können beispielweise sozialpsychologische (‚Selbstkonzept') betrachtet werden.

2. Dimension: numerische vs. qualitative Identität. Die Einheit des Selbstbewußtseins, das sich im Ich ausspricht, weist keine Qualitäten auf, sondern ist eine rein formale. Sie ist quantitativ bzw. numerisch, insofern sie darauf abstellt, etwas als Eines – Descartes' *res cogitans*, Lockes *self*; bzw. im Falle des Ausbleibens der Einheit eben als Diffuses, in die Vielheit zerstreutes wie Kants ‚vielfärbiges Selbst' (*KdrV*, B 134) – zu charakterisieren. Hingegen sind Eigenschaften, die Individuen zugesprochen werden (etwa die ‚denominations intrensiques' der Leibnizschen Monade, die individuelle innere ‚Natur' bei Rousseau) oder die es sich selbst zusprechen kann, per se qualitativer Natur. Dieses wie erwähnt von Tugendhat verwendete Kriterium geht auf Strawsons Diskussion von qualitativer vs. numerischer Identität zurück.[9]

3. Dimension: synchrone vs. diachrone Identität. Identität wird sehr häufig als synchron (also primär unzeitlich) gedachter Begriff angetroffen; am diachronen Pol entspricht diese Dimension der oben vorgestellten ‚Selbigkeit' i. S. Angehrns (1985).[10]

---

[9] Strawson (1972, 28 ff.) unterscheidet die räumliche oder raumzeitlich Identifikation eines Dings von der Identifikation durch Angabe seiner Qualitäten anhand eines Musters oder anderen gleichartigen Dings. Wir könnten diese beiden Arten der Identifikation mittels der Ausdrücke „dasselbe" und „das gleiche" unterscheiden. Ersteres fragt nach der Identität als A=A. Ich sehe z. B. ein volles Wasserglas in einem Raum, gehe hinaus, kehre zurück, und frage, ob es sich noch um dasselbe (mein) Exemplar handelt oder um das eines anderen: „Ist es *dieses* Glas?" Letzteres fragt hingegen nach den Eigenschaften (A = B, A ist wie B): mein Interesse gilt einem gefüllten Wasserglas: „Ist es *ein* gefülltes Glas?" Im ersten Fall bleibt die Identität erhalten, auch wenn während meiner Abwesenheit jemand das Glas umgestoßen hat und es nun leer ist: numerisch ist es, ungeachtet seiner Qualitäten, derselbe Gegenstand. Im zweiten Fall ändert sich die Identität: das Glas gleicht, ungeachtet seiner numerischen Identität, nicht mehr einem vollen Wasserglas und wird nicht mehr als solches identifiziert.
Die Unterscheidung von numerischer und qualitativer Identität erlaubt so z. B. die Auflösung des Scheinwiderspruchs, wie etwas oder jemand das- bzw. derselbe bleiben und sich doch verändern kann.

[10] Die zeitliche Dimension weist (v. a. in Verbindung mit der numerischen und objektiven Variante der anderen Dimensionen) am ehesten einen Bezug zum logisch-philosophischen Identitätsbegriff auf: die *Form* der synchronen Identität ist die Tautolo-

Die Kombination dieser Dimensionen ergibt das in Fig. 1 dargestellte drei-dimensionale Schema.

Fig. 1

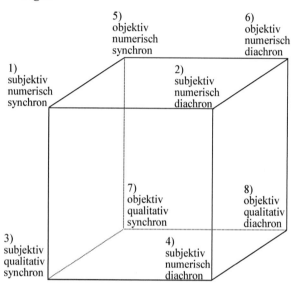

1.2.2 Die acht Elementarkategorien der Identität

Die acht Kombinationen definieren elementare Identitätskategorien. Sie lauten im einzelnen:

1) subjektive numerische synchrone Identität
2) subjektive numerische diachrone Identität
3) subjektive qualitative synchrone Identität
4) subjektive qualitative diachrone Identität
5) objektive numerische synchrone Identität

gie des A = A, Einheit überhaupt; die Form der diachronen Identität ist die Identifizie-rung zweier Verschiedener als Gleiche: A = B; vgl. die klassische Diskussion bei Frege (1967).

6) objektive numerische diachrone Identität
7) objektive qualitative synchrone Identität
8) objektive qualitative diachrone Identität

Nicht jeder dieser Identitätskategorien kommt die gleiche praktische Bedeutung zu – dies ist eine Folge des hier angewandten, gegenüber Inhalten ‚blinden' analytisch-kombinatorischen Verfahrens, welches die bestehenden – mehr oder weniger kontingenten – begrifflichen Konventionen humanwissenschaftlicher Diskurse unberücksichtigt läßt. Während beispielweise der Gedanke der Einheit des Ichs (z. B. Kants transzendentales Subjekt) einen ganzen Identitätsdiskurs konstituiert (Kategorie 1) und somit von großer Bedeutung ist, ist die Zuordnung anderer Kategorien zu den entsprechenden Diskussionen weniger offensichtlich.[11] Der praktische Nutzen der vorgestellten Differenzierung soll denn auch, wie eingangs erwähnt, nicht zur Konstruktion von Identitätsbegriffen, sondern deren Differenzierung dienen.[12]

Die im folgenden angesprochenen ‚klassischen' Identitätstheorien können an dieser Stelle nicht eigens dargestellt werden; es sei hierzu auf die bereits vorliegenden Übersichten verwiesen (Krappmann 1980; Krappmann 1989; Straub 1991; ausführlicher: Lohauß 1995).

Kategorie 1) ‚Subjektive numerische Identität' ist das (formale, inhaltslose) *Selbstbewußtsein*, wie etwa das *Ich* bei Leibniz, Kant oder Fichte, welches sich durch zwei formende Prinzipien, nämlich innere *Einheit* bzw. Synthesis und *Abgrenzung* nach außen, auszeichnet, so daß eine numerisch einheitliche Struktur resultiert, die sich überdies durch *Selbstbezüglichkeit* und *Widerspruchsfreiheit* auszeichnet. Dieser Identitätsbegriff versteht sich als diametraler Gegensatz zu subjektiver Diffusion, Grenzverwischung und Vielheit.

---

[11] Dies betrifft insbesondere die Kategorien 4) und 8), mithin qualitative Identität in der zeitlichen Dimension. Insofern die zeitliche Perspektive gerade mit Veränderungen zusammenhängt (und Identität z. B. als temporales Sich-durchhalten durch verschiedene Zustände hindurch betrachtet wird), machen diese beiden Kategorien entweder einen sehr konstruierten Eindruck, oder sie stützen sich auf eine der numerisch-diachronen Kategorien (was sie als eigenständige Identitätsformen relativiert). Es ist dennoch möglich, beide Kategorien sinnvoll zu berücksichtigen (s. u.).

[12] Die Zuordnung der einzelnen Theorien bedürfte natürlich jeweils eingehender Diskussionen. Ein solches Vorhaben würde aber mit Sicherheit einen Großteil des Umfangs dieser Arbeit in Anspruch nehmen. Andererseits möchte ich nicht auf die zumindest exemplarische Darstellung des Potentials der dargestellten Begriffsanalytik verzichten. Die hier zu verortenden Theorien werden daher zu Illustrationszwecken, unter weitgehender Vernachlässigung detaillierter Nachweise und Diskussionen, verwendet. Wichtig ist in diesem Zusammenhang lediglich, daß die unterschiedliche Zugehörigkeit sogar gleichlautender Titel (etwa ‚personale Identität') hinreichend deutlich wird.

In den neueren Identitätsbegriffen findet sich diese elementare Identitäts-kategorie sehr häufig, zumindest als Moment. Dies gilt offensichtlich für die in der Tradition der klassischen Bewußtseinsphilosophie stehenden Philoso-phen (etwa Henrich 1970, Pothast 1971, Frank 1991) sowie in Teilaspekten für die psychoanalytischen oder nachfolgenden Begriffe der ‚Ich-Identität' (beispielsweise E.H. Erikson 1973[13] und Habermas 1976).

Kategorie 2) Als exemplarische historische Variante dieser Kategorie mag erneut Kants transzendentales Ich genannt werden, diesmal in seiner Eigen-schaft als diachron synthetisierendes, selber invariables Prinzip.[14] Könnte man bei der synchronen Variante vielleicht von subjektiver Kohärenz sprechen, so ließe sich die diachrone Variante als subjektive *Konstanz* oder *Kontinuität* umschreiben (Straub 1991).[15] Hierunter kann demnach auch der zeitlich-biographische ‚psychodynamische' Kohärenzaspekt verstanden werden, so daß der Eriksonsche Begriff der persönlichen bzw. Ich-Identität[16] v. a. auch hier verortet werden sollte. Der Ausdruck ‚personale Identität' wird auch von G. Böhme (1996:333) im Sinne der zeitlichen Kohärenz verwendet, was in (kategorialer) Übereinstimmung stünde mit den gleichermaßen hier einzuord-nenden diversen psychopathologischen, psychophysiologischen und biologi-

---

[13] Die nach Erikson in der Adoleszenz herzustellende ‚Identität' im Sinne des Gefühls in-nerer Einheit und „psychosozialen Wohlbefindens" (deren Gegenteil Identitätsdiffusion bedeutet, vgl. Erikson 1973:147 ff.) ist als ein engerer, eher *synchroner* Identitätsbegriff von einem allgemeinerem, *diachronen* Verständnis in Eriksons Werk abzuheben (vgl. Kategorie 2).

[14] Insofern Zeit der transzendentalen Apperzeption entstammt und nicht den ‚Dingen an sich' eignet, ist das transzendentale Ich eigentlich wohl weniger *in* der Zeit konstant, als vielmehr *über*zeitlich, woraus aber eine zeitliche Konstanz sich logisch ableiten läßt.

[15] Es ist m. E. eine unnötige Einschränkung, die diachrone Identität wie Angehrn (1985) nur als Selbigkeit, d.h. zeitliche Konstanz, zu fassen; daher würde ich die Kontinuität, also die *Konstanz der Entwicklung* (ähnlich der 1. Ableitung einer linearen Funktion in der Mathematik, aus der eine konstante Funktion resultiert) in diese Kategorie miteinbe-ziehen. Jemand kann gerade deshalb zeitlich als derselbe erscheinen, weil er einer be-stimmten biographischen, entwicklungsmäßigen oder etwa auch karrierebezogenen Norm entspricht, wohingegen das Zurückbleiben als nachteilige Veränderung der Person wahrgenommen wird.

[16] „Das bewußte Gefühl, eine *persönliche Identität* zu besitzen, beruht auf zwei gleichzei-tigen Beobachtungen: der unmittelbaren Wahrnehmung der eigenen Gleichheit und Kontinuität in der Zeit, und der damit verbundenen Wahrnehmung, daß auch andere die-se Gleichheit und Kontinuität erkennen. [...] So ist die Ich-Identität unter diesem subjek-tiven Aspekt das Gewahrwerden der Tatsache, daß in den synthetisierenden Methoden des Ichs eine Gleichheit und Kontinuierlichkeit herrscht [...]" (Erikson 1973:18). Vgl. aber noch den von Erikson berücksichtigten Aspekt der Gleichheit in der Veränderung, wie unten zu Kategorie 4) erwähnt.

schen Theorien über Selbstbewußtsein und ‚Ich' (Pöppel 1993, Kuhlmann 1996, Hildt 1996).

Kategorie 3) ‚Subjektive qualitative synchrone Identität' bezeichnet die subjektiv erfahrbare ‚Innenwelt'. Vergleichbar den *dénominations intrensiques* bei Leibniz (*Monadologie*, §9), kann man hier ein Eigenschaftsbündel im Sinne eines subjektiven Begriffs von *Individualität* ansetzen. Sozialpsychologische Identitätstheorien werden, wo sie nicht *formalen* Kohärenzaspekten den Vorzug geben, vorrangig diese Inhalte unter dem Titel ‚Identität' ansprechen, wie z. B. G. H. Meads Konzept der verschiedenen ‚mes', welche die Identität (‚*self*') einer Person inhaltlich ausmachen. Die Einheit des ‚self' besteht aus den vom ‚self' umfaßten Qualitäten (‚mes') – also dem Zusammenhang von *Inhalten* und nicht dem einer starren, vorgängigen Form. Als Nachfolger des ‚me' bzw. ‚self' ist hier auch der Begriff der ‚Rollenidentität' zu nennen (z. B. Habermas 1976). Von soziologischer Seite wäre hier außerdem der Titel ‚personale' oder ‚persönliche' Identität' zu verorten (z. B. Dreitzel 1968, Habermas 1973, Döbert/Nunner-Winkler 1975, Geulen 1989/1977) – man achte auf die völlig andere Bedeutung des Begriffs bei G. Böhme (1996) (Kategorie 2) – sowie die kategorial sehr ähnliche Verwendung des Wortes ‚Individualität' bei Habermas (1992) oder auch bei Schimank (1985). Eine ebenso qualitative Dimension bieten schließlich der psychoanalytische Begriff des ‚Selbst' und die psychologische Kategorie des ‚Selbstkonzepts' (vgl. Filipp (Hrsg.) 1979).

Kategorie 4) Die Thematisierung der qualitativen zeitlichen Dimension folgt häufig dem Motiv der ‚Einheit in der Veränderung' oftmals in Verbindung mit Identitätskonzepten der Kategorie 2). Identitätsbildung hat also, wie Erikson (1973:191) selbstkritisch anmerkt, einen zeitlichen subjektiv-synthetischen (insofern formalen) ‚Ich'-Aspekt als auch einen zeitlichen objektiv-inhaltlichen ‚Selbst'-Aspekt.

Eine begrifflich wesentlich schärferes Konzept qualitativ konstituierter temporaler Identität findet sich bei Geulen (1989:153):

„[...] ein Subjekt ist mit sich in der Zeit identisch, wenn es im Ziel [der intentionalen Handlung, B. J.] einen zukünftigen und für es selbst relevanten Zustand *als* zukünftigen und für es selbst relevanten intendiert bzw. wenn es in einem erreichten Zustand noch das Ziel wiedererkennt, das es früher intendiert hatte."

In dieser Perspektive kann eine kognitive zeitliche Ich-Identität (Kategorie 2) allenfalls als notwendige,[17] aber nicht mehr als allein hinreichende Identitäts-Bedingung verstanden werden. Man könnte diese Kategorie auch mit Leibniz als ‚moralische Identität' kennzeichnen (s. u., S. 50).

Kategorie 5) Die ‚objektive numerische Identität' bezeichnet den *Einheitsaspekt* der topischen (qualitativ verorteten) Identitäten, z. B. die Einheit (räumlich) und den Fortbestand (temporal) als derselbe Körper oder die (synthetisierte) Einheit der sozialen Position. Wie beim Begriff der subjektiven numerischen Identität stellt sein objektives Pendant *Kohärenz* nach innen und *Abgrenzung* nach außen sicher. Habermas (1992) grenzt diese objektiv-numerische Kategorie unter dem Titel der ‚Singularität' gegen seinen (qualitativen) Begriff der Individualität ab, um dem Mißverständnis der Verwechslung mit dem – in der Tat in diese Kategorie 5) gehörenden – Individualitätsbegriffs der analytischen Philosophie (Strawson 1972, Tugendhat 1979) abzuhelfen.

Ebenfalls fallen hierunter die Identitätsbegriffe mit deiktisch-identifikativer Funktion. Bei Goffman ist beispielsweise ein numerisch verstandener Individualitätsbegriff zu finden, der nicht mit den qualitativen verwechselt werden darf. Irritierenderweise betitelt Goffman (1975:74) diesen als „persönliche Identität", was Assoziationen an ‚Persönlichkeitsfindung' i. S. v. Selbstverwirklichung auslösen mag. Jedoch zielt Goffman mit diesem Begriff lediglich auf die feststellbare Einmaligkeit i. S. der exakten (forensischen) Identifizierbarkeit, etwa durch Fingerabdrücke: „Persönliche Identität hat folglich mit der Annahme zu tun, daß das Individuum von allen anderen differenziert werden kann und daß rings um dies Mittel der Differenzierung

---

[17] Die synthetische Leistung des Subjekts (Kategorie 2) „ist die Bedingung dafür, daß jedes neue Datum des Lebenslaufs mit der einheitlichen Biographie verknüpft wird: Dadurch, daß ich mich als Subjekt der Synthese weiß, erkenne ich mich in jedem einzelnen dieser Erlebnisse wieder. Daher kann meine Biographie objektiv in jedem Augenblick eine je andere sein und ich mir trotzdem als Identischer erscheinen" (Geulen 1989:130). Diese ist also die oben angeführte ‚Einheit in der Veränderung'. Ich möchte anmerken, daß hierfür jedoch nicht ein generell überzeitliches, quasi-transzendentales Subjekt angesetzt werden muß, sondern lediglich eines, das relativ nahe beieinanderliegende zeitliche Ereignisse verbinden kann. Dieser Relativierung des logischen Anspruchs personaler Kontinuität war sich schon Leibniz bewußt (s.u., Fußnote 37, S. 48). Der ‚Rest' der biographischen Synthese obliegt zumeist der Einbettung in eine narrative (insofern veräußerte, objektive) Struktur (vgl. Strauss 1974:156 ff.; Schütze 1984); die Kontinuität subjektiver Zurechnung stützt sich gleichsam auf das erzählende oder gar das satzlogische Subjekt, welches eine Reihe nur aus der ‚ich'-Perspektive formulierbarer Aussagen verbindet (die sog. „φ-Prädikate", vgl. Tugendhat 1979:131).

eine einzige kontinuierliche Liste sozialer Fakten festgemacht werden kann
[...]" (ebd.).

Kategorie 6) Die diachrone Variante dieses Identitätsbegriffs spielt v. a. in
der analytisch-philosophischen Diskussion von Identität eine Rolle, nämlich
bei dem von Strawson entfalteten und Tugendhat aufgenommenen Gedanken,
daß die (numerische) Identität eines Individuums bzw. irgendeines Gegenstands allein durch Sicherung der raumzeitlichen Kontinuität desselben festzustellen sei (vgl. Strawson 1972:170; Tugendhat 1979:76) – dieser Identitätsbegriff entspricht der klassischen Fassung bei Locke (s. u.). Möglicherweise ist hierunter auch Habermas' (1976) Verständnis von ‚natürlicher Identität' einzuordnen.

Kategorie 7) ‚Objektive qualitative synchrone Identität' bezeichnet die
Position innerhalb eines objektiven (üblicherweise sozialen, kulturellen oder
ökonomischen) Bezugssystems, weswegen man diese Kategorie schlicht *soziale Identität* nennen könnte. Hierunter fällt der sich von Durkheim herlei-
tende Gedanke einer objektiven Individualisierung qua Teilname an verschiedenen Gesellschaftsbereichen, der ganz ähnlich auch bei Simmel (1983) auftaucht. Der Begriff der ‚sozialen Identität' findet sich zunächst bei Goffman
wieder[18] und in der Folge beispielsweise bei Habermas (1973) und Geulen
(1989/1977).
Der Individualitätsbegriff, mit Beck (1986:207) als „historisch-soziologi-
sche, als gesellschaftsgeschichtliche Kategorie verstanden, als Kategorie, die
in der Tradition der Lebenslagen- und Lebenslaufsforschung steht", ist in Abgrenzung zum subjektiven Identitätsbegriff (ebd.) ebenfalls hier zu verorten.

Kategorie 8) ‚Objektive qualitative diachrone Identität' kann als objektive
Variante der ‚moralischen Identität' (Kategorie 4) verstanden werden. Hier
konstituiert sich nicht ein Subjekt als Kontinuierliches, indem es seine zukünftigen bzw. vergangenen Handlungsintentionen als seine identifiziert,
sondern es konstituiert sich die Identität einer Person des öffentlichen Aus-
tauschs (z. B. des Handels), die ihre geäußerten Willensbekundungen und
Vereinbarungen (Verträge) durch die Zeit hindurch aufrecht erhält. Dabei ist
der Aspekt bewußtseinsmäßiger, persönlicher oder moralisch-intentionaler

---

[18] Goffman 1975:9 f.: „Die Gesellschaft schafft die Mittel zur Kategorisierung von Personen [...]. Die sozialen Einrichtungen etablieren die Personenkategorien, die man dort
vermutlich antreffen wird. [...] Wenn ein Fremder uns vor Augen tritt, dürfte uns der erste Anblick befähigen, seine Kategorie und seine Eigenschaften, seine ›soziale Identität‹
zu antizipieren [...]."

Identität unerheblich; es handelt sich somit um den zeitlichen Aspekt der Identität der Person im juristischen (etwa vertragsrechtlichen) Sinn.

Auf der Basis der hier vorgenommenen exemplarischen Zuordnungen (und *nur* im Rahmen der hier getroffenen Auswahl) lassen sich die abstrakten Kategorien gebräuchlicheren Topoi zuordnen (quasi ‚rückübersetzen'). Diese könnten wie folgt gekennzeichnet werden:

1) Ich-Identität i. S. der Einheit des Ichs
2) Ich-Identität i. S. der zeitlichen Selbigkeit des Ichs
3) personale oder subjektive Identität i. S. v. subjektiver qualitativer Individualität
4) ‚moralische' Identität
5) ‚forensische' Identität (Produkt objektiver Identifizierung)
6) raum-*zeitliche* Identität
7) soziale Identität
8) ‚vertragsrechtliche' Identität

1.2.3 Auswertung

Mehrdeutigkeiten und Synonyme

Der praktische Nutzen der vorgenommenen Kategorisierung erweist sich, wie der Diskussion der einzelnen Kategorien zu entnehmen ist, vor allem darin, daß sie häufig anzutreffende unbeabsichtigte Begriffsvermischung, welche nicht unwesentlich für Mißverständnisse und Unschärfen in der Identitätsdiskussion verantwortlich sein dürfte, vermeiden hilft. So konnten wir v. a. feststellen, daß G. Böhme, Dreitzel bzw. Döbert/Nunner-Winkler sowie Goffman logisch völlig verschiedene Sachverhalte als ‚personale Identität' (bzw. ‚personal identity') ansprachen. Ebenso sahen wir, daß beispielsweise Habermas unter dem Begriff ‚Individualität' etwas faßt, das kategorial ebenfalls mit dem Begriff personaler Identität in Zusammenhang gebracht werden kann – wiederum im Gegensatz zur Verwendung dieses Wortes etwa bei Strawson und Tugendhat, aber auch bei Angehrn, Kohlstruck und Straub, deren Begriff von Individualität wiederum kategorial Goffmans ‚persönlicher Identität' entspricht. Individualität im Beckschen Sinne der Lebenslage wäre hingegen dem Goffmanschen Begriff der ‚sozialen Identität' vergleichbar.

Konfusionen

Ferner zeigt die formale Analyse, daß ausgerechnet Eriksons theoriehistorisch einflußreicher Identitätsbegriff an den verschiedensten Kategorien partizipiert (Kategorien 1, 2 und 4). Insofern dies im wesentlichen unter dem einen

Titel der ‚Ich-Identität' geschieht (bzw. die Rezipienten Eriksons es mit den im Ansatz vorhandenen Differenzierungen nicht so genau nahmen), bestätigt sich objektiv der häufig beklagte Umstand der enormen Unschärfe dieses sozialpsychologischen Konzepts. Dies betrifft gleichermaßen den an Erikson orientierten Versuch einer Begriffsklärung (Levita 1971).[19]

Komplexe Begriffe

Im Unterschied zu unscharfen Konzepten existieren andererseits Identitätskonzepte, die zwar ebenfalls verschiedenen Kategorien angehören, dies jedoch aufgrund ihrer Komplexität. Die vorgestellte Analytik erlaubt die Identifikation der Bestandteile komplexer (zusammengesetzter) Identitätsbegriffe. Die eingangs erwähnte dreistufige Theorie der Identitätsentwicklung Habermas' besteht beispielsweise in der Abfolge „körperlicher", also raumzeitlicher Identität (= objektiver numerischer diachroner Identität, Kategorie 6), personaler Identität (= subjektiver qualitativer synchroner Identität, Kategorie 3) und schließlich der Ich-Identität (= subjektive numerische Identität, Kategorien 1 und 2). Der Begriff der ‚ausbalancierten Identität' (Habermas 1973, Krappmann 1969) besteht in seiner wohl komplexesten Form (Geulen 1989:127) aus der Balance zwischen sozialer Identität (= objektiver qualitativer synchroner Identität, Kategorie 7) und personaler Identität (= subjektiver qualitativer synchroner Identität, Kategorie 3); das diese Balance Herstellende wird als synthetisierendes Prinzip, als Ich, gedacht (= subjektive numerische Identität, Kategorien 1 und 2), dessen Kontinuität aber, wie zu sehen war, auch von der Konstanz inhaltlicher Aspekte (durchgehaltener Handlungsintentionen) abhing (Kategorie 4). Wir sehen, daß dieses Konzept systematisch den gesamten subjektiven Kategorienbereich erfaßt (Kategorien 1,2,3 und 4) und diesen mit dem Aspekt sozialer Verortung (Kategorie 7) verknüpft.

Identitätskritische Diskurse

Auch identitätskritische Beiträge können nun daraufhin befragt werden, welcher bzw. welchen Kategorien sie formal zuzuordnen sind. Sie können sich beispielsweise auf den die innersubjektive Vielfalt unterdrückenden Zwang zur Einheitlichkeit und Geschlossenheit beziehen (Kategorie 1; gleiches gilt für den Zwang zur bzw. die Fiktion der temporalen subjektiven Selbigkeit, Kategorie 2) und diese als metaphysische bzw. überkommene Annahme entlarven, oder auch als „Nebenprodukt der [autobiographischen] Erzählung" (Gergen 1998:188) – dies ist i. d. R. der Standpunkt der postmodernen Differenztheorie, aber auch im Rahmen der Individualisierungsthese

---

[19] Es ist besonders bedauerlich, daß dieses vielrezipierte Werk im Titel eine allgemeine Begriffklärung suggeriert, diese aber in der Tat nicht leistet (wenn auch versucht).

wurde der Schwund von Konsistenz und Kohärenz konstatiert (vgl. Beck/Beck-Gernsheim (Hrsg.) 1994). Sie können aber auch in frühromantischer, psychoanalytischer oder auch existentialistischer Manier das rationalistische Selbstverständnis als ‚Person' als ephemer gegenüber einem ‚basaleren, wahren, eigentlichen Selbst' ansehen (bzw. diese überdeckend, verdrängend etc; dieser Diskurs spielt sich im Rahmen der Kategorie 3 ab und wird gegen Ende dieser Arbeit aufgenommen). Etwas anderes ist es wiederum, wenn die einengende Forderung der *öffentlichen* Präsentation einer bestimmten sozialen Identität (Kategorie 7) kritisch thematisiert wird (Gouldner 1974; Hack 1977).

Wie komplexe Identitätskonzeptionen, können auch identitätskritische Theorien komplexe Zusammenhänge zwischen verschiedenen Elementarkategorien herstellen und als Ganzes zur Disposition stellen. So kritisieren Horkheimer/Adorno (*Dialektik der Aufklärung*, S. 40 und S. 19) in einem Zuge die Vorstellung des Ichs als souveränem, geschlossenen Subjekt einerseits und die inhaltliche Zurichtung der Individualität nach Maßgabe des Marktes andererseits. Ganz ähnlich verwahrt sich Foucault sowohl gegen qualitative Zuordnungen (Kategorien 3 und 7) als auch temporale Festsetzungen (Kategorien 2, 4 und 8): „Man frage mich nicht, wer ich bin, und man sage mir nicht, ich solle der gleiche bleiben" (1973:30).

Ich hoffe gezeigt zu haben, daß beide Seiten, Identitätstheoretiker wie Identitätskritiker, der Komplexität und diskursiven Überfrachtung durch explizite Bezugnahme begegnen sollten. So zeigt die vorgenommene Differenzierung, daß die verbreitete Identitätskritik, obwohl sie sich häufig lediglich gegen die Hypostatis von Einheitlichkeit, Geschlossenheit und zeitlicher Konstanz richtet, (vielleicht unbeabsichtigt) einen Generalverdacht auch gegen qualitativ orientierte Identitätsvorstellungen ausspricht. Der Begriff der Identität impliziert jedoch, wie die Analyse nahelegt, nicht per se Einheitlichkeit und Konstanz (vgl. Klika 2000:297): *patchwork-identity* ist eben auch eine Identität.

Abgesehen von der jeweiligen Kategorisierung und ihrem praktischen Nutzen für die Orientierung in den heterogenen Identitätsdiskursen, erfahren wir auf rein begriffsanalytischem Weg kaum etwas über den Charakter der jeweiligen Begrifflichkeiten. Hat es eine Bedeutung, daß einige Theorien ausschließlich mit formalen Identitätsvorstellungen operieren, andere mit qualitativen, wieder andere mit einer Kombination verschiedener elementarer Identitätskategorien – mit welcher Anthropologie und welchen Implikationen für das Verständnis von Personalität und Identität ist die Wahl einer bestimmten Kategorie verbunden? Die folgende historische Betrachtung soll zur Klärung dieser Fragen beitragen.

2. Kapitel: Entkörpertes Ich, verborgenes Selbst, reflexive Identität – Diskurse des Selbstbezugs von Descartes bis Hegel

Erziehungswissenschaft und Sozialisationstheorie sind unverkennbar in der europäischen Geistesgeschichte verwurzelt (vgl. Geulen 1980); dies betrifft freilich ebenso den erziehungswissenschaftlichen Begriff der Identität und seine Implikationen. Insofern die historischen Gehalte den heutigen Begriffen nicht mehr unmittelbar anzusehen sind, bedarf es der historischen Analyse, um ihren je besonderen Charakter herauszuarbeiten.

Eine historische Vergewisserung des Gehalts gegenwärtiger Begriffe kann im hier gegebenen Rahmen keine vollständige, jedoch doch einige Elemente einer Genealogie dieser Begriffe zur Darstellung bringen. Der Fall eines so vielfältig und oft unscharf verwendeten Begriffs wie dem der Identität (und seiner Grenzbegriffe wie *Individualität, Ich, Person* und *Selbst*) läßt auf einen besonders reichhaltigen Bestand relevanter überlieferter Gedanken schließen. Um dieser Vielfalt gerecht zu werden, darf man bei der Suche nicht eine vorgefaßte Vorstellung, wie z. B. einen der klassischen philosophischen Identitätsbegriffe, als Suchraster anwenden; schon gar nicht empfiehlt es sich, etwa nur solche Theorien zu beachten, die das Wort ‚Identität' in ihrem Diskurs führen. Hingegen gilt es, den Gegenstand nicht der Darstellung, sondern umgekehrt die Darstellung der Bandbreite möglicher Inhalte zu öffnen, so daß alle diejenigen Gedanken in Frage kommen, die entweder den Titel Identität oder einen eventuell synonym verwendeten Begriff benutzen, wie auch solche, die im Hinblick auf moderne Identitätstheorien zu recht mit diesem Titel gekennzeichnet werden können oder gekennzeichnet worden sind. Demgemäß muß man erwarten, in der historischen Rekonstruktion sehr verschiedene Sachverhalte unter dem einen Namen zu versammelt zu finden, wobei es in unserem Kontext vor allem darauf ankommt, begriffliche Konfusionen zu vermeiden.

Hierzu wäre es sinnvoll, bereits bestehende Beiträge als Folie der Rekonstruktion zu nutzen. Die meisten vorliegenden historisch orientierten Erörterungen des Identitätsbegriffs behandeln jedoch nur eine sehr eingeschränkte Textauswahl;[20] die umfassendste und anregendste historische Rekonstruktion

---

[20] Levita (1971) behandelt hauptsächlich Locke und Leibniz; Buck (1984) schlägt den Bogen selektiv von Comenius bis Marx (ohne Descartes, Locke, Spinoza, Leibniz, Hume oder Kant), berücksichtigt dabei zudem ausschließlich einen neuhumanistisch interessierten Identitätsbegriff und kann die Vermittlung zu modernen Begriffen subjektiver Identität nicht aufzeigen; Riedel (1989) orientiert sich hauptsächlich an Locke und Leibniz und erfaßt mit der Konzentration auf den Ich-Begriff nicht ganz dasselbe Be-

zum Thema bietet sicherlich Charles Taylors (1996) monumentales Werk, auf das sich der folgende Abschnitt häufig bezieht. Da Taylors Arbeit aber nicht explizit an begriffstheoretischen Problemstellungen interessiert ist, werden die historischen Texte im Sinne unseres Interesses genauer zu befragen sein.

2.1 Neuzeitliche Subjektivität

Theorien und Begriffe entstehen nicht unabhängig von ihrem sozio-historischen Kontext. Dies gilt in besonderem Maße für solche abstrakten Begriffe, in denen sich das Selbstverhältnis von Menschen vornehmlich artikuliert und reflektiert. Die Frage des Selbstverortung und -beschreibung ist eine Frage des ‚Weltbildes', insofern sich Individuen innerhalb einer angenommenen Ordnung der Dinge positionieren. Der mit der Neuzeit eingetretene Wandel im subjektiven Selbstverständnis läßt sich daher am Kontrast zu vorneuzeitlichen Ontologien bzw. Kosmologien besonders gut illustrieren:

Die vorneuzeitliche – sowohl antike als auch mittelalterliche – Weltsicht basierte auf dem Grundsatz einer *in der Welt* liegenden Ordnung. Diese Ansicht erfuhr diverse Formulierungen. Platons Ideenlehre stellt die Ordnung der Ideen als wirkliche, ja als wirklicher denn die Welt der alltäglich und unmittelbar erfahrenen Dinge vor; Aristoteles' Vorstellung von praktischer Weisheit (*phronesis*) impliziert ein Bewußtsein einer Ordnung der richtigen Zwecke im Leben, deren ontologisches Gegenstück die in der *theoria* betrachtete unveränderlichen kosmischen Ordnung bildet – als Handelnde nehmen die Menschen teil an derselben rationalen kosmischen Ordnung, die sie in der Wissenschaft betrachten. Auch für die Stoiker bildet die Einsicht in die Weltordnung die wesentliche Grundlage der Ethik, insofern sie eine Vision der Vorsehung Gottes ist, durch welche erkannt werden kann, daß alles aufs beste eingerichtet ist. Sogar den Epikureern läßt sich die Vorstellung einer äußeren Weltordnung unterstellen – allein wird sie hier als Weltchaos interpretiert, Gestöber der Atome im Raum; der Weg zur Weisheit besteht darin, diese kosmische (Un-)Ordnung zu erkennen (Taylor 1996:233).

Insofern die mittelalterliche Philosophie aufs engste mit der antiken verbunden ist, verwundert es nicht, daß auch hier die Vorstellung einer kosmischen Ordnung, christlich gewendet, alternativlos ist.[21] Ein eindrucksvolles

---

griffsfeld wie unsere Untersuchung; Hauser (1994) behandelt sehr gründlich Locke, Leibniz, Hume und Tetens, verbleibt jedoch im historisch-philosophischen Bereich und befragt die Autoren auch nicht hinsichtlich aktueller sozialphilosophischer (ganz zu schweigen von sozialpsychologischen) Fragestellungen.

[21] Es besteht allerdings zur antiken Mentalität der nicht unwesentliche Unterschied, daß die Individuen sich – spätestens seit Augustinus' *Bekenntnissen* – in geänderter Weise

Beispiel der Nachhaltigkeit dieser Ordnungsvorstellung bietet Johann Amos Comenius, der, als Zeitgenosse Descartes', noch angesichts der völlig aus den Fugen geratenen mittelalterlichen Gesellschaftsordnung, versuchte, eine neuplatonische Philosophie zu reetablieren, auf deren Grundlage die pädagogische Vermittlung der harmonischen Weltordnung die Verbindung von Mikro- und Makrokosmos retten und so einen Ausweg aus dem ‚Labyrinth der Welt' versprechen sollte. Jedoch hatte zu dieser Zeit die Spaltung der römisch-katholischen Staatskirche im Zuge der Reformation die klerikal-politische Ordnung Europas in ihren Grundfesten bereits erschüttert. Die dadurch schwindende Macht der herrschenden Institutionen des europäischen Mittelalters ermöglichte eine v. a. städtisch geprägte Neuordnung in allen Gesellschaftsbereichen, welche dem erwachenden Selbstbewußtsein der aufstrebenden städtisch-bürgerlichen Schicht Gelegenheit zur Entfaltung gab. Der Geltungsverlust der mittelalterlichen Methoden und Dogmen hatte eine mannigfaltige Suche nach neuen Methoden und Standpunkten in den Wissenschaften wie auch den Künsten, eine Renaissance des antiken Forscher- und Künstlergeistes, hervorgerufen – die mächtigen theoretischen Entwürfe zu Beginn der Neuzeit, Francis Bacons *Magna Instauratio* und *New Atlantis*, René Descartes' *Discours* und seine *Meditationes*, Johann Amos Comenius' *Labyrinth der Welt* und seine *Pansophie* wie schließlich Thomas Hobbes' *Leviathan*, illustrieren eindrucksvoll das Ausmaß der Erschütterung der Traditionen. Alle diese Werke bezeugen in ihrer Positivität den Verlust einer Harmonie, die das von Foucault (1993:46 ff.) dargestellte ‚prosaische Weltalter' bis in den letzten Winkel des sozialen Lebens wie auch der Geisteswelt durchzogen hatte, und fassen die Problematik ihrer Zeit – freilich in sehr unterschiedlicher Weise – in der Frage nach dem Verhältnis des Einzelnen zur Welt; der Frage nach der gesellschaftlichen Ordnung und ihrer Bedingungen seitens der Individuen.

Mit dem Anbruch des, um bei Foucaults Terminologie zu bleiben, ‚Zeitalters der Repräsentation' fand ein radikaler Wandel statt, dessen epistemologisches Kernmoment darin bestand, daß der ontische Logos, die kosmische rationale Weltordnung, ins Innere des denkenden Subjekts verlegt wurde. Qua *Repräsentation* wird die Ordnung ins Denken verlegt; die *Ordnung der Repräsentation* erlaubt es, den Maßstab in das Denken des Erkennenden zu legen. Dieser Wandel läßt sich übrigens hervorragend am Wandel der Darstellungsweise in der Malerei nachvollziehen, namentlich am Übergang zur zentralperspektivischen Konstruktion, die in vormals unerhörter Weise – und,

---

erfahren. Wie Vernant (1998) zeigt, existieren in der Antike sehr wohl Vorstellungen von Personalität und Subjektivität – die mittelalterlichen Menschen aber treten über einen *reflexiven* Modus der Selbsterfahrung; d. h., sie definieren sich über ihre Gedanken, Gefühle, Sünden etc.

wie Panofsky (1992) in seinem berühmten Aufsatz über die ‚Perspektive als symbolische Form' nahelegt, auch ohne historisches Vorbild in der Antike – das erkennende Individuum zum ordnungsstiftenden Zentrum des Geschehens macht.[22]

Die erwähnten neuzeitlichen Autoren reagieren nicht nur auf die ideologischen und politischen Erschütterungen im Europa des ausgehenden Mittelalters, sondern sie registrieren auch implizit das individualisierte Persönlichkeitsmodell, welches mit der sich durchsetzenden bürgerlichen Gesellschaft zunehmende allgemeine Verbreitung fand und unter M. Webers (1996/1905) Titel des ‚protestantischen Charakters' bekannt wurde.

2.2 ‚Desengagement'

2.2.1 Descartes: das Ego als denkende Substanz

Erst eingedenk des oben beschriebenen Wandels kann man das ganze Ausmaß der kartesianischen Revolution nachvollziehen. Die Ordnung der Welt wird ins Innere des denkenden Individuums verlegt. Auf der Suche nach einem festen Grund der Wissenschaft, also auf der systematischen Suche nach den Fehlern des Denkens (welche mit F. Bacons Idolenlehre ihren Ausgang genommen hatte), gelangt Descartes in seiner berühmten Argumentation des *Discours de la mèthode* dazu, die potentiell täuschende Welt der sinnlichen Erfahrungen, ja schließlich jeglichen Inhalt, auszuschließen, um schließlich beim Formprinzip des Denkens selbst anzugelangen. Das Ergebnis ist die unüberwindbare Trennung der beiden Substanzen, *res cogitans* und *res extensa*, sowie die Einsicht, daß Wahrheit nur als Folge der richtigen Regelanwendung

---

[22] Am Wandel der Perspektivität von der mittelalterlichen Flächigkeit zur zentralperspektivischen Projektion läßt sich die veränderte Stellung, das neue aufkommende Selbstbewußtsein des Individuums ablesen: der ordnende Gesichtspunkt der Renaissancemalerei wird mehr und mehr das sehende (vor dem Bild stehende) Individuum. Wie der Aufsatz Panofskys faszinierenderweise darlegt, handelt es sich bei der zentralperspektivischen Projektion *nicht* etwa, wie man meinen sollte, um die korrekte Abbildung des physischen Netzhautbildes, sondern es handelt sich allein um eine allein nach geometrischen Regeln gewonnene Darstellung, welche den Betrachter als mathematisch-räumlichen Referenzpunkt aller bildlichen Inhalte festlegt.
Der sich hier abzeichnende Sachverhalt eignet einem Denken der Repräsentation: die Welt spielt sich gleichsam im Kopf des Betrachters ab; er ist das Ordnungsprinzip, und nicht (mehr) die Ähnlichkeiten der Dinge untereinander.

beim Denken bestehen kann, und folglich in keiner Weise Ähnlichkeit mit der vorneuzeitlichen Wahrheit der Offenbarung aufweist.[23]

Ausgeschlossen wird auf diese Weise die Erfahrung der *ersten Person* als sinnliche. Die möglichen Täuschungsquellen werden objektiviert und so als *Faktor* beherrschbar – Wissen entsteht nun in der objektiven Perspektive der *dritten Person* (Taylor 1996:267 und 293). Diese Trennung von Wissen bzw. Denken und Erfahrung bzw. Sinnlichkeit bezeichnet Taylor als *Desengagement*. Denken und Leiblichkeit werden ‚disengaged'; Descartes will damit offenbar „vom Subjekt den letzten empirischen Rest abstoßen" (Geulen 1980:22). Indiskutabel, sogar lächerlich, wird, wie Foucault (1993, Kap. 3.1) aufwies, eine Figur wie Don Quichotte, die noch dem sinnlichen Denken des Mittelalters – dem Aufspüren von Ähnlichkeiten – vertraut. In der Philosophie Descartes' manifestiert sich das Verschwinden des Vertrauens in die Erfahrung der ersten Person.

Diese Spaltung der beiden Substanzen, welche sich im methodischen Rückzug auf das isolierte *ego cogito* als denkender Substanz manifestierte, legitimierte sich allein im Vertrauen auf die Garantie göttlicher Existenz und Vollkommenheit (vgl. Descartes, *Meditationen*, Meditatio IV), welche stets (bei den Occasionalisten dann schließlich bei jedem einzelnen Akt) ordnend eingreift. Das Weltbild war deduktiv organisiert, und die Vernunft begann unversehens in Form des *seiner selbst bewußten Ichs* die Spitze der Hierarchie, den göttlichen Platz, einzunehmen. Das *Selbstbewußtsein* wurde zum Paradigma neuzeitlichen Denkens; solchermaßen Voraussetzung des Denkens, rückte seine Identität (Einheitlichkeit, Selbigkeit i. S. der Kategorien 1 und 2) lange Zeit gar nicht erst in den Blickpunkt der Fragestellung.[24]

Dennoch blieb die Stellung von Selbstbewußtsein, Individualität und Vernunft in der Folge ein offenes Problem, weil Descartes' Lösungsansatz zur Vermittlung der beiden Substanzen offenbare Schwächen aufwies. „Der Anstoß durch Descartes, wenn seine Entdeckung des Selbstbewußtseins auch bald auf Widerspruch stieß, war gegeben. Sich an Descartes vorbeizumogeln,

---

[23] Vgl. Heideggers Kritik des neuzeitlichen Wahrheitsverständnisses; *Sein und Zeit*, S. 33 f.

[24] Das denkende Ich hält sich – zumindest im Moment der Betrachtung – bei allen Tätigkeiten des Geistes mit unbezweifelbarer Evidenz durch; vgl. Descartes, *Meditationen über die Grundlagen der Philosophie,* Meditatio II, 9: „Denn daß ich es bin, der zweifelt, der einsieht, der will, das ist so offenbar, daß es durch nichts noch augenscheinlicher erklärt werden kann". Allerdings gilt das nicht für die zeitliche Identität, denn der methodische Solipsismus führt, worauf R. Spaemann (1996:225) hinweist, zu einem ‚Momentanismus': „‚Ich' heißt für ihn ‚ich jetzt'. Schon Descartes war sich dessen bewußt, wenn er für die zeitübergreifende Einheit des Bewußtseins die Garantie der göttlichen Wahrhaftigkeit in Anspruch nehmen mußte, die es nicht zuläßt, daß unsere Erinnerung systematisch trügt."

was ja Verzicht auf die neue Grundlage der Rationalität, das reflexive Bewußtsein, bedeutet hätte, gelang in der Folgegeneration der Philosophen kaum. Unweigerlich hätte man sich dem Vorwurf des Rückfalls hinter die Stellung der Renaissance zur schöpferischen und insofern selbstbewußten Individualität ausgesetzt" (Riedel 1989:68).

2.2.2 Locke: das punktförmige Selbst

Das bei Descartes einsetzende Projekt des selbstobjektivierenden Desengagements wird durch Locke radikalisiert: Der *Essay concerning human understanding* atomisiert den Geist und zerlegt ihn in kleinste Einzelmomente (elementare ,Ideen', aus denen die komplexen Ideen gebildet werden können), welche insofern objektiv sind, als der Verstand sich bei ihrer Auffindung „rein passiv" verhält. Es „hängt nicht von seinen Kräften ab, ob er zu diesen Anfängen oder Materialien der Erkenntnis [...] gelangt oder nicht" (Locke, *Versuch* II/27/1), weil die Ideen unvermeidbar per Wahrnehmung auf den nach empiristischem Dogma zunächst leeren und daher zwangsläufig passiven Verstand einwirken. Lockes Empirismus, die Wendung gegen die Vorstellung angeborener ,Ideen', ist nicht allein erkenntnistheoretisch motiviert, sondern entspricht seiner antiteleologischen Haltung: Ziel der Demontage des Geistes ist die Neumontage des Welt- und Selbstbildes auf der Grundlage von Verkettungsregeln (Zusammensetzung der einfachen Ideen zu komplexen Ideen und Relationen). Wie Descartes entwindet Locke den Leidenschaften, Gewohnheiten und Autoritäten die Kontrolle über das Denken, indem dieses (im 4. Buch des *Essays*) als urteilsloses und leidenschaftsfreies Untersuchen aufgefaßt wird. Die Vorstellung einer derart befreiten Vernunft begründet das Ideal der Unabhängigkeit und Selbstverantwortlichkeit derselben und aller, die sich ihrer bedienen. Sie geht einher mit dem protestantischen Prinzip der Grundsatztreue sowie der mit dieser verbundenen prozeduralen Ethik, wie sie von Max Weber (1996/1905) als typisch neuzeitliches Rationalisierungsmoment analysiert wurde. Ihr Hauptmerkmal ist die ununterbrochene, im Gegensatz zur katholischen Praxis der Beichte verinnerlichte Selbstbefragung.[25] Lockes *Essay* stellt geradezu die paradigmatische Formulierung der theoretischen Voraussetzung dieser radikal reflexiven Selbstbefragungspraktiken dar: die desengagierte Loslösung nicht nur von Leidenschaften, Gewohnheiten und Autoritäten, sondern auch noch – qua Objektivierung des Geistes – von den Tätigkeiten des Denkens selber erlaubt eine rationale Kontrolle maximaler Reichweite. Diese ermöglicht sogar eine *Umformung des Selbst*, eine durch ständige

---

[25] Vgl. Weber, *Die protestantische Ethik*, S. 76 und S. 84 sowie den auch von Foucault (1991) beschriebenen Prozeß der ,Internalisierung' der Beichte.

Selbstkontrolle herbeigeführte Abschaffung alter und Neuschaffung erwünschter Gewohnheiten.

Was diese Kontrolle über das eigene Selbst und seine Qualitäten ausübt, kann nur noch als punktförmige Instanz begriffen werden: das *„punktförmige Selbst"* (Taylor 1996:292) ist die Beschreibung eines Individuums, das sich mit seiner Fähigkeit der radikalen, auf Umgestaltung abzielenden Haltung des Desengagements ausschließlich identifiziert und sich auf diese Weise von allen qualitativ bestimmten Einzelmerkmalen distanziert (welche nur noch Objekte der Umgestaltung sind). Als solches ist es nicht-qualitativ; es erstreckt sich nicht auf ‚Etwas', sondern ist ‚ausdehnungslos'; „es ist nirgends außer in diesem Vermögen, Dinge als Objekte zu fixieren" (Taylor 1996:309). Das in dieser Weise durch radikale Reflexion entstehende punktförmige Selbst stellt einen absoluten Gegensatz zu der Welt der von ihm behandelten ‚Objekte' dar, es ist daher *reines*, eine außerweltliche Stellung einnehmendes *Subjekt*. Im Gegensatz zu Descartes' *res cogitans*, welche ebenfalls diese Position innehatte, kommt Lockes Subjekt ohne die theoretisch nicht haltbare Annahme einer vorgängigen Substanz aus: das objektivierende Vermögen, welche das punktförmige Selbst ausmacht, ist das (Selbst-) *Bewußtsein*.

Um diese Argumentation zu ermöglichen, muß Locke den Begriff der Person von dem des Menschen abgrenzen. Eine Person ist „ein denkendes, verständiges Wesen, das Vernunft und Überlegung *(reflection)* besitzt und sich selbst als sich selbst betrachten kann. Das heißt, es erfaßt sich selbst als dasselbe Ding, das zu verschiedenen Zeiten und an verschiedenen Orten denkt. Das geschieht lediglich durch das Bewußtsein *(consciousness)*, das vom Denken untrennbar ist [...]" (Locke, *Versuch* II/27/9). *Allein das Selbstbewußtsein* stiftet demnach die Fähigkeit zur reflexiven Konstitution eines „self" (ebd.). Wie Locke im zitierten 27. Kapitel des 2. Buches seines *Essays* (‚Über Identität und Verschiedenheit') also darlegt, gründet die Identität der Person ausschließlich auf ihrem Bewußtsein und muß einerseits von der Identität der Substanzen (Gott, endliche Geister bzw. Seelen, materielle Substanzen) und andererseits von der Identität des Menschen (welche wesentlich an die Gestalt des menschlichen Körpers gebunden und in dieser Hinsicht der Identität anderer Organismen gleicht) unterschieden werden.

Besteht die Identität der Person einzig und allein in dem Vermögen, sich (mittels Erinnerung) auf sich selbst bewußt zu beziehen, so könnte dieses Bewußtsein theoretisch, wie Locke in einigen recht gewagten Gedankenexperimenten (zur Seelenwanderung, zur Möglichkeit des Bestehens mehrerer Personen in einem Körper etc.) nachzuweisen versucht, auch in anderen Körpern und anderen Substanzen (Seelen) als dasselbe, identisch existieren.[26] Das Selbst ist, so zeigt Locke mit dieser Argumentation, dermaßen autark, daß es sogar *logisch* völlig unabhängig von den es ‚tragenden' Substanzen oder Organismen ist: die Person ist reines autarkes Bewußtsein. Daher *fordert* im logischen Umkehrschluß das Desengagement allen Individuen, die Anspruch darauf machen, eine Person zu sein, ab, sich durch Selbstobjektivierung von sich selbst zu trennen und ein rein autarkes, auch rein selbstverantwortliches Wesen zu werden. Historisch ist diese Welle der Selbstobjektivierung anhand der von Foucault v. a. in *Überwachen und Strafen* niedergelegten Analysen der Disziplinartechniken und -institutionen, ebenso in Webers Arbeit zum ‚protestantischen Charakter', nachvollziehbar. Weber stellt v. a. den Aspekt der ökonomischen Disziplinierungsmechanismen dar, welche, im Zusammenhang mit protestantischem Arbeitseifer einerseits und Asketismus andererseits, einen systemischen Effekt der Kapitalakkumulation und Reinvestition hervorrufen (wenn diese These auch sicherlich nicht als monokausales Erklärungsmodell der Entstehung des Kapitalismus herangezogen werden sollte); darüber hinaus aber wird schon bei Weber das Moment der Umgestaltung des Selbst qua selbstkontrollierender Pflichtethik greifbar. Foucault beschreibt, wie die im 17. Jh. gewandelten Institutionen des Militärs, der Hospitale, Armenhäuser und Schulen nach und nach eine Technik der Formung von Individuen entwickeln, welche nicht auf einer (unökonomischen) äußeren Kontrolle aufbaut, sondern auf der formenden Verinnerlichung der Kontrolle (v. a. des sogenannten ‚Disziplinarblicks' – Gefangene befinden sich in einem kreisförmigen oder achteckigen Gebäude, das eine ständige Aufsicht aller Insassen erlaubt, es jedoch nicht ermöglicht, daß diese sehen, ob sie beaufsichtigt werden oder nicht. Auf diese Weise wird der kontrollierende Blick zugleich allgegenwärtig installiert und internalisiert). Die moralische Disziplinierung findet ihr Modell an der sich ausbreitenden Volkspädagogik, etwa seitens der Philanthropisten, welche im Grunde versucht, die sonst nutzlosen Individuen (Kinder, Arme, Kranke) im Sinne der protestantischen Arbeitsethik zu nützlichen Gesellschaftsmitgliedern zu ‚erziehen'; sicherlich ist die paradigmatische Formulierung der moralischen Selbstdisziplinierung in Kants kategorischem Imperativ zu finden, von dem später zu handeln ist.

---

[26] Eine Neuauflage dieser Fragestellung finden wir heute vielleicht in diversen Überlegungen zur Transplantation des vorderen Schläfenlappens; vgl. Linke 1996, Hildt 1996.

2.3 Desengagierte und ‚expressivistische' Verinnerlichung

2.3.1 Rousseau: gute Natur und amoralisches ‚moi seul'

Innere Natur I: die Stimme des Gewissens

Die neuzeitliche Erfahrung des vereinzelten Individuums fand bei Descartes und Locke ihre Entsprechung in der Konstruktion einer desengagierten Persönlichkeit. Diese Beschreibung blieb nie unkritisiert, bildete aber dennoch die Grundlage, auf der die typisch modernen Subjektbegriffe (und andererseits die typisch moderne, stark individualisierte Form des Romans – Bildungsroman, autobiographischer Roman) sich entfalten konnten. Das zeitgeschichtliche Erbe Rousseaus sind also: radikale Reflexivität, Selbstobjektivierung und eine Wendung zur Innerlichkeit – diese drei Momente sind unverkennbare Voraussetzung solcher Schriften wie der *Confessions*. Rousseaus weitgestreutes Gedankengut ist aber auch von *inhaltlichen* Konzepten Descartes' und Lockes beeinflußt. Das zeigt einerseits die im ‚Glaubensbekenntnis des savoyischen Vikars' (Rousseau, *Emil*, S. 284) übernommene Zwei-Substanzen-Lehre Descartes'. Andererseits relativiert sich die ebendort vorgetragene Polemik gegen Locke, wenn man bedenkt, daß Rousseau Lockes Antikonventionalismus sowie den damit einhergehenden Gedanken, daß die Vernunft in der Natur zu finden sei, (wenn auch unter verändertem Vorzeichen) übernommen hat – im Gegensatz zu den Empiristen hat die Natur für den savoyischen Vikar noch die Ordnung des antiken und mittelalterlichen Kosmos, sie ist ganz vom göttlichen Willen durchzogen; daher ist es vernünftig, ihr zu vertrauen und sie als *absoluten* Bezugspunkt anzusehen. Da der inneren ebenso wie der äußeren Natur zu vertrauen ist, kann Rousseau eine Philosophie der radikalen Autonomie formulieren. Die Moralquellen liegen ausschließlich in der – göttlich bestimmten – inneren Natur und keinesfalls in den deformierten Konventionen der – gar urbanen bürgerlichen oder höfischen – Gesellschaft. Die innere Natur zeichnet sich durch zwei Instanzen aus: Vernunft und Gewissen. Das Gewissen stellt Rousseau als angeborenen sozialen Impuls dar (vergleichbar anderen angeborenen Affekten wie Todesangst, Schmerzvermeidung etc.), der aber erst dann wirksam wird, wenn die Vernunft das Gute zu erkennen in der Lage ist (*Emil*, S. 305). Das Gewissen muß per se das Gute lieben, wie auch immer der Mensch zu handeln entscheidet. Es ist die einzige Instanz, aus der das Individuum Handlungsnormen ableiten kann, da gesellschaftliche und konfessionelle Konventionen und Dogmen lediglich Vermittlungen darstellen, deren göttlicher Status lediglich behauptet, jedoch nicht erwiesen werden kann. Liegt also die Moralquelle derart im Innern es Individuums, so ist moralisches Handeln allein von der freien

Wahl des Subjekts abhängig. Handelt es nach ihrer Maßgabe, so handelt es nach seiner Natur, die zugleich Ausdruck des göttlichen Willens ist. Das Individuum handelt nach einem ‚natürlichen Gefühl', welches durch eine Vernunft geläutert ist, die nicht die Vernunft der Aufklärungsphilosophie, sondern die Vernunft eines jeden, auch des ‚geistig armen' Individuums ist. In dieser (stark an der Rede des savoyischen Vikar orientierten) Darstellung wird die Nähe Rousseaus zu Augustins Vorstellung von Innerlichkeit recht deutlich: denn blickt das Individuum qua Gewissen in sein Inneres, so findet es dort eine göttliche Ordnung vor: „Wesen aller Wesen, ich bin, weil du bist. Ich erhebe mich zu meinem Quell, wenn ich unaufhörlich über mich nachdenke" (*Emil*, S. 300). Rousseau demonstriert eine tiefe Innerlichkeit, die auf eine letztlich nicht ergründbare, weil göttliche Natur zurückgeht.

Innere Natur II: das ‚moi seul'

Es ist vielleicht kein allzu weiter Weg von diesem Standpunkt zu Kants Moralphilosophie, und tatsächlich konnte Cassirer (1989) unter Inanspruchnahme erhöhter Stringenz bezüglich des Zusammenhangs der Rousseauschen Schriften diesen als eine Art Protokantianer auslegen. Wie kann aber Taylor (1996, Kap. 21) in diesem Fall Rousseau als Stammvater des von ihm so genannten ‚Expressivismus' abhandeln, wenn doch die innere Natur eine Vernunft-Natur ist, der sogar der restriktive Gesellschaftsentwurf des ‚Contrat social' nicht wiederspricht?

Taylor bezieht sich ebenfalls auf die Rede des savoyischen Vikars. Im Einklang mit Rousseaus Text folgert er, Glück bestehe in der Übereinstimmung mit der inneren Stimme (eine wichtige Vorstellung von *Identität* im Gegensatz zur Entfremdung); dies bedeute, „ganz und gar man selbst zu sein" (Taylor 1996:630). Dieses eigene, allen gesellschaftlichen Konventionen entzogene Selbst ist aber *keineswegs* dem ‚moi seul', welches Rousseau in den *Confessions* beschreibt, gleichzusetzen, obwohl auch dieses nach dem ‚Diktat des Gefühls' geschrieben wurde. Die innere Natur als innere Stimme des Gewissens ist moralisch makellos; lediglich die täuschenden Eigenschaften der Sinne, die Fesseln der Leidenschaften und die scheinbaren Interessen des in gesellschaftliche Konventionen verstrickten Individuums vermögen sein Handeln zu verschlechtern. Die innere Stimme ist groß; sie ist die Instanz des Göttlichen, welche allein den Menschen über das Tier erhebt. Das in den *Confessions* so dramatisch und verführerisch aufgeführte Ich ist in all seiner Authentizität ein „kleines, unglaublich verletzliches und moralisch unzulängliches Ich" (Gebauer/Wulf 1992:290); es ist, wie Rousseau sagt, wenn nicht gut, so doch wenigstens anders. Darin ist es dem Selbst der inneren Stimme geradezu entgegengesetzt, denn dieses ist gut, aber nicht wirklich individuell, insofern es dem göttlichen (Vernunft-) Gesetz gehorcht, ja, dieses im Individuum repräsentiert. Die innere Natur als innere Stimme ist unergründbar, wie Gott unergründbar ist; das ‚moi seul' ist unergründbar, weil es verborgen ist und nur im bekenntnishaften Ausdruck an den Tag gebracht werden kann. Es trägt die Signatur des Irrationalen, Amoralischen, dennoch Wirksamen, dessen vielleicht, was von Freud (1923) *Es* genannt wurde, jedenfalls aber nicht die des Göttlich-Moralischen. Wenn nach Rousseau die Natur zu der heutigen Vorstellung des wimmelnden und tiefen Lebens geworden ist, in das sich alles Unausdrückbare ergießt (Taylor 1996:531), so ist das sicherlich *auch* dem kleinen ‚moi seul' zuzuschreiben. Während die innere Natur zwar antikonventionell, aber keinesfalls in irgendeiner Hinsicht antisozial genannt werden kann (Cassirer 1989:22), scheint dem ‚moi seul' eben dieses zu eignen. Mag im *Émile* die Richtung radikaler Autonomisierung eingeschlagen worden sein (wobei der Naturbegriff als verdecktes Machtmittel zwar nicht bewußt erfahren wurde – vgl. Gebauer 1988 – jedoch schon den Philanthropisten als dankbare Folie ihrer Ideologie der Volkserziehung und -fruchtbarmachung diente), so ist das eigentliche Subjekt als nicht nur der konventionellen Gesellschaft, sondern – der Intention nach – der Gesellschaftlichkeit entgegenstehendes Ich-Prinzip in den *Confessions* erfunden worden (Gebauer/Wulf 1992:291). Durch diese Bandbreite des Rousseauschen Denkens erklärt sich der Einfluß sowohl auf Autoren des Desengagements und der Disziplinierung (Campe, Kant) als auch auf die Romantiker und nachfolgende ‚expressivistische' Strömungen bis zur Gegenwart.

Das diesen Gegensatz Übergreifende bilden die Momente 1) der Forcierung der radikalen – v. a. emotional verstandenen – Innerlichkeit (moralische Autonomisierung) sowie 2) der Verankerung der Natur als absoluter anthropologischer und moralischer Referenzinstanz. Beide haben Theorie und Selbsterfahrung von Subjektivität nachhaltig geprägt.

2.3.2 Kant: transzendentales Ich und ‚vielfärbiges' Selbst

Freiheit, Autonomie und Natur sind auch zentrale Bestandteile der Philosophie Kants. Die *Kritik der reinen Vernunft* legt aber einen gegenüber Rousseau differenzierteren und strukturell gewandelten Vernunftbegriff zugrunde. Nicht mehr ist Vernunft in einer außerhalb sichtbaren wie im Innern des Subjekts verborgen liegenden Natur zu finden; vielmehr liegt die Quelle der Vernunft im (transzendentalen) Subjekt selbst, und Natur erhält ihre Ordnung nicht ‚von außen', sondern vom Subjekt im Moment der transzendentalen Synthesis – jenseits seiner liegt keine Natur, sondern das unerkundbare ‚Ding-an-sich'. Die innere Natur des Menschen versteht Kant daher, im Gegensatz zu Rousseau, als *reine* Vernunft, als Zusammenhang aktiver kognitiver Leistungen, jenseits aller sinnlichen Erfahrung und allen Gefühls. Moralisch handeln heißt, entsprechend der eigenen Natur als *Vernunftwesen* zu handeln. Im

Im Formalismus des Sittengesetzes liegt die Totalisierung subjektiver Freiheit, die Auflehnung und Loslösung von jeglicher inneren (und äußeren) Natur als bloß Gegebenem (Neigungen, Leidenschaften, Bedürfnisse etc.). Das wahre, eigentliche Selbst ist die Vernunft, das transzendentale Ich, und nicht einmal das ephemere ‚vielfärbige' empirische Ich der Person – ganz zu schweigen vom Körper. Dieser wird als Objekt unter anderen Objekten der aktiv-perzipierenden Subjektivität entgegengestellt. Kants Philosophie bedeutet einen radikalen Bruch mit der Natur, und gar mit der inneren. Die vernünftige Natur allein existiert als ‚Zweck an sich' (was die moralische Forderung impliziert, die anderen Vernunftwesen nicht als Mittel zu behandeln), alles andere aber gehört ins Reich der bloßen Mittel, die der Instrumentalisierung zur freien Verfügung stehen: insofern ist Kant wohl der radikalste Vertreter der desengagierten Persönlichkeit.

Damit folgt Kant dem Rousseau des *Contrat social* und überbietet ihn zugleich vernunfttheoretisch: die moralische Person im Sinne Kants ist einerseits völlig autonom und folgt nur ihrem eigenen inneren Pflichtgesetz; andererseits partizipiert das handlungsleitende Gesetz an der Universalität der Vernunft, wodurch das Individuum gleichsam eine Art *generischer Identität* (Habermas 1995b:155) erhält; es weist sich aus und begreift sich *primär* als vernünftiges Wesen überhaupt. Allerdings bewirkt das Primat des Transzendentalen, daß das empirische Moment, ‚Natur' (wie etwa Rousseaus *homme naturel*, aber auch der ungeklärte Aspekt der Leiblichkeit des Individuums als ‚Träger' des Ichs), zu einem Epiphänomen degradiert wird. Am Ende der *Aufklärung* erscheint in Kants Theorie die Idee eines bürgerlichen Subjekts, dessen Autonomie seiner vollständigen Vergesellschaftung – i. S. einer Vernunftgesellschaft – nicht mehr widersprechen soll. Die nach dem kategorischen Imperativ ausgerichtete Praxis ist nur mehr eine – qua *Sollen* – am transzendentalen Subjekt ausgerichtete, dessen ausführendes Organ das empirische lediglich ist. So aber wird die Transzendentalphilosophie zum *Transzendentalismus*[27] und läuft Gefahr, in das kartesianische Paradigma zurückzufallen:

---

[27] Dies schlägt sich beispielsweise darin nieder, daß Kant, im Gegensatz zu seinen Vorläufern (Rousseau) wie auch Anhängern (Schiller) und Nachfolgern (Hegel), die Kategorie der *Arbeit* und die Problematik der schon im 18. Jahrhundert als entfremdend empfundenen Arbeitsteilung nicht zu kennen scheint. Ein subjektives Leiden an derartigen Zuständen, die tiefe gesellschaftliche Zerrissenheit etwa angesichts der gegen Ende des 18. Jahrhunderts aufkommenden Massenarmut, des neu entstehenden Lumpenproletariats, vermag Kant, der ganz mit der Legitimation der Ansprüche des wo nicht siegreichen, so doch unaufhaltsam aufsteigenden bürgerlichen Standes beschäftigt ist, nicht in Begriffe zu fassen.

„Kant bleibt weitgehend im geschichtlichen Horizont des transzendental-anthropologischen Weltbildes cartesianischer Prägung hängen. Selbst dort, wo er mit den Dualismus dieser Ordnung bricht, tut er es unter der Voraussetzung der Rahmenbedingungen dieses Paradigmas. [...] Die Sinnlichkeit des Subjekts wird abgewertet. Wurde in der *Kritik der reinen Vernunft* der Sinnlichkeit noch eine, wenn auch fragwürdige Gleichheit im Dogma der voneinander unabhängigen Erkenntnisquellen zugestanden, ihre Irreduzibilität verteidigt, und sie ferner von der Schuld der Täuschung freigesprochen, so wird sie im Bereich der praktischen Vernunft wie eine *Aussätzige* behandelt. Sie wird, wie Fichte es drastisch umschrieben hat, das ‚Material der Pflicht', das im Herrschaftswillen bürgerlicher Subjektivität zugleich getötet und erhöht wird." (Gamm 1986:38)

Das Ideal des Kantischen Moralsubjekts entspricht insofern dem denaturierten *citoyen*, der seine Identität über die *ihm wie allen vernunftbegabten Wesen* innewohnende Vernunft vermittelt in der Einheit mit dem Ganzen findet – anders als Rousseau aber vermag Kant den unaufgehobenen Widerspruch zwischen Vernunft bzw. Kultur und ‚Natur' nicht zu verschleiern; nicht zufällig ist diese Dichotomie eine der wesentlichen Antriebsfedern des nachkantischen Idealismus. Denn die Spontaneität des so konzipierten Individuums muß ständig und lückenlos durch Rationalität ersetzt werden – ‚Natur' ist mithin als negatives, antisoziales Moment stets anwesend, jedoch nicht mehr als Teilmoment eines Entfremdungszusammenhangs. Die bei Rousseau implizite Frage, ob ein Individuum seiner Natur entfremdet oder mit sich (bzw. ihr) identisch sei, stellt sich demzufolge bei Kant nicht mehr – das Individuum erlangt Identität mit dem Ganzen vermittels der individuellen Reproduktion überindividueller Vernunftprinzipien, indem es sich als Einzelnes aus eigenem Willen heraus allgemeingültigen Gesetzen unterwirft.

Exkurs: Identität und Tauschgesellschaft

Als moralische betrifft die Anforderung des kategorischen Imperativs stets ein empirisches Subjekt, das sich so rational, *identisch*, verhalten soll, *als ob* es ein transzendentales Subjekt wäre. Kontinuität der Person wird bei Kant zur sittlich-moralischen *Forderung*. In der sich realisierenden bürgerlichen Tauschgesellschaft kann nach dem Wegfall der ständegesellschaftlichen Ordnungen, Überwachungen und Garantien nur so der Einzelne die Kontinuität demonstrieren, die ihn als verläßlichen Handelspartner erscheinen läßt; oder, anders herum betrachtet: die mittelalterliche Ordnung hatte wohl in die neuzeitliche Gesellschaften nur überführt werden können unter der Bedingung dieses selbstreflexiven, sich als identisch verstehenden und präsentierenden Subjekts, dessen Idealtyp der erwähnte ‚protestantische Charakter' Webers ist, und dessen prototypische theoretische Fassung Kant (nach-) geliefert hat.

Ist man bereit, den philosophischen Gottesbegriff als Chiffre einer ‚prästabilierten' (harmonischen) Gesellschafts- und Erkenntnisordnung zu betrachten,[28] so liegt der hier beschriebene Umstand auf der Hand, und zwar aufgrund des metatheoretischen Verhältnisses von theoretischer und praktischer Philosophie in Bezug auf die Beweisbarkeit der Existenz Gottes (lies demnach: der Möglichkeit von Gesellschaft) bei Kant. Denn, da Erkenntnis nach der *Kritik der reinen Vernunft* nur dann gültig sein kann, wenn sie auf Erfahrungen rekurriert, kann die Existenz Gottes nicht theoretisch, sondern allenfalls praktisch erwiesen werden. Simmel (1992:176) formuliert in seiner Kant-Interpretation: „Gott, sagt er [Kant], ist der Gegenstand eines ‚praktischen Glaubens'; d. h. wir haben unser Leben so einzurichten, *als ob* es einen Gott gäbe, ganz gleichgiltig, ob es ihn wirklich gibt oder nicht, worüber wir theoretisch nie etwas ausmachen können." Das bedeutet aber, die (auf Vernunft basierende) bürgerliche Gesellschaftsordnung hängt davon ab, daß die Individuen so handeln, *als ob* diese Ordnung bestünde, und das heißt eben, daß die empirischen Subjekte gemäß dieser Ordnung handeln *sollen:* gleichsam *als ob* sie transzendentale – kontinuierlich mit sich identische, durchgehend selbstbewußte, unbegrenzt verantwortliche – wären: Der Ursprung der Pflicht, nach der das moralisch handelnde Individuum sich zu richten hat,

„kann nichts Minderes sein, als was den Menschen über sich selbst (als einen Teil der Sinnenwelt) erhebt, was ihn an eine *Ordnung der Dinge* knüpft, die nur der Verstand denken kann, und die zugleich die ganze Sinnenwelt, mit ihr das empirisch-bestimmbare Dasein des Menschen in der Zeit und das Ganze aller Zwecke [...] unter sich hat. [...] Der Mensch ist zwar unheilig genug, aber die *Menschheit* in seiner Person muß ihm heilig sein." (*KdpV*, A 154 ff., erste Herv. von mir, B. J.)

Man kann diese Forderung unter Zuhilfenahme einer Differenzierung von Urheber- und Treuhänderverantwortung illustrieren (Marquard 1979): zwar verfügt das empirische Subjekt nicht über ideales und kontinuierliches Selbstbewußtsein, es ist nicht *causa sui* wie idealiter das kartesianische *ego cogito* oder Kants transzendentales Subjekt, daher ist es nicht urheberverantwortlich für seine Taten. Es *soll* jedoch – quasi treuhänderisch – die Verantwortung für seine Handlungen übernehmen, auch und gerade wenn es nicht im strengen Sinn dafür verantwortlich ist. So spricht O. Marquard (1979:698) als Kantianer, wenn er schreibt, man müsse "auch die Identität eines Menschen so sehen: sie ist einem – recht gesehen – [...] zugefallen [...]. *Menschen sind nicht urheberverantwortlich sondern treuhänderverantwortlich für ihre Identität.*" Die Übernahme dieser Treuhänderverantwortung ist m. E. ein nicht

---

[28] (für diese Beziehung von Gott und Ordnung ließen sich unschwer Beispiele von Platon über Descartes, Leibniz, und Kant bis Hegel beibringen, wofür hier allerdings kein Raum ist)

unwesentliches Element der Kantischen Moralphilosophie: der Beitrag des bürgerlichen Subjekts zur Möglichkeit der bürgerlichen Gesellschaft, die eben im Kern auf der Selbstdisziplinierung und reflexiven Selbststeuerung der Subjekte beruht. In diesem Sinn kann G. Böhme (1996:332) davon sprechen, „daß Identität eine gesellschaftliche Zumutung ist. Identität wird einem zugemutet, insofern man als jemand angesprochen wird, der für seine Taten verantwortlich ist"; und nur auf dieser Basis können Verträge – das *sine qua non* der bürgerlichen Tauschgesellschaft, welches sich auch in der sog. ‚Postmoderne' erhalten, wenn nicht sogar radikalisiert hat – zustande kommen, denn diese implizieren ein gegenseitiges Versprechen. Aber „Versprechen funktioniert als illokutionärer Akt nur, insofern die Kommunikationspartner des Versprechenden dessen zeitliche Identität für die Zukunft unterstellen" (ebd., S. 333), und diese Unterstellung benötigt dauerhaft, unter anderem, eine stabile Erfahrungsbasis.

Während also Rousseaus innere Natur eine *emotionale* Instanz darstellte, die auf qualitativ bestimmte Sachverhalte qualitativ reagiert, fordert die Verabsolutierung subjektiver Autonomie bei Kant, daß das Sittengesetz ein rein formales, frei von jeglicher inhaltlicher Fremdbestimmung, sei – so wird nachgerade nicht nur die innere, vernünftig *und* emotional bestimmte Natur i. S. Rousseaus, sondern sogar die moralisch-praktische Vernunft auf einen *prozedural* organisierten Mechanismus reduziert. Eine radikale Objektivierung aller Sachverhalte, auch der eigensten und intimsten, mit dem Ziel ihrer völligen rationalen Kontrolle, ist faktisch die Quintessenz der kantischen Moral- und Subjektphilosophie.

2.3.3 Empfindsamkeit und Romantik: Untiefen des Selbst

Empfindung

Ganz anders als Kant reagieren die Romantiker auf die Rousseausche Forcierung von Innerlichkeit, innerer Natürlichkeit und Empfindsamkeit. Die innere Stimme verstummt, wenn der Blick lediglich mit der desengagierten Sicht des vernünftigen Selbstbewußtseins nach innen gerichtet wird. Das Empfinden weist, wie Herder in seiner Schrift *Übers Erkennen und Empfinden in der menschlichen Seele* (1778) darlegt, den Weg zur Erkenntnis; insofern der menschliche Verstand beschränkt ist, bleibt die komplexe, unscharfe Erkenntnis des Gefühls bisweilen sogar die einzige, und auch in der besten Erkenntnis müssen alle Gefühle weiterwirken, weil sie ihnen entstammt und nur in ihnen lebt – die emotionslose Kognition i. S. Kants wird als tot angesehen (was zumindest insofern stimmt, als diese des menschlichen Körpers ja nicht bedarf). Wenn die Empfindung auch nicht sehr klar ist, so trügt sie doch nie: die meisten Romantiker greifen auf die Vorstellung einer geordneten Natur zurück, deren Ordnung sich aber allein in der fühlenden Wendung nach innen offenbart: der „Zugang zur Bedeutung der Dinge [ist] etwas Innerliches" (Taylor 1996:645), durch die Gefühle gelangen wir zu den tiefsten Wahrheiten; das Herz ist der Schlüssel der Welt und des Lebens (Novalis). Empfindung wird als eine Dimension erkannt, die als eigenständiger – und reicher – Erfahrungszugang einen Selbstwert besitzt; sie ist „eine bestimmte Art und Weise, das eigene Dasein, unsere gewöhnlichen Begierden und Erfüllungen sowie die umfassendere Naturordnung, in der wir unseren Platz einnehmen, zu erleben" (Taylor 1996:647).

Die Möglichkeit der Erkenntnis der Naturordnung qua Innerlichkeit impliziert das *Gebot*, dieser nachzuspüren: Ästhetik (oder Aisthesis) und Ethik verschmelzen zu einem revolutionären neuen Individuationsbegriff, nach dem jedes Individuum etwas Ureigenes ist, das der Originalität und Einzigartigkeit seiner inneren Natur gerecht zu werden verpflichtet ist. Diese Verpflichtung ist zugleich Glücksversprechen; wie Herder sagt, ist, wenn Glückseligkeit existiert, diese den fühlenden Wesen durch ihre Natur gegeben, und eben darin findet jeder Mensch das Maß seiner Seligkeit: „er trägt die Form an sich, zu der er gebildet worden und in deren reinem Umriß er allein glücklich werden kann" (Herder, *Übers Erkennen und Empfinden*, S. 333).

Artikulierende Poiesis des Selbst

Die innere Natur ist etwas Verborgenes, sie bedarf der Artikulation und genaueren Abgrenzung, wenn sie dem Bewußtsein zugänglich werden soll (in diesem Sinne schreitet nach Herder die Empfindung zur Erkenntnis fort). „Das menschliche Leben wird als eine Äußerung eines Potentials angesehen, das durch diese Äußerung zugleich gestaltet wird" (Taylor 1996:652). Diese Form der expressivistischen Individuation ist zu einem Eckpfeiler des modernen subjektiven Selbstverständnisses geworden.

In der Artikulation entsteht etwas Neues. In diesem Sinne wandelt sich die Kunstauffassung von der nachahmenden Mimesis zur Nachahmung des Schöpfungsaktes, also zur Poiesis. Die Sprache des Neuen muß eine neue Sprache sein, die das Esoterische, Rätselhafte aufgreift und erschließen hilft. Das Nachspüren der inneren Natur kann ausschließlich in der Perspektive der ersten Person erfolgen – es ist aus diesem Grund zwangsläufig dem desengagierten Denken, welches ja gerade in der objektivierenden Abwendung der Erfahrungen der ersten Person und der Hinwendung zur Perspektive der Dritten Person seine Besonderheit fand, nicht zugänglich.

Das neue Gefühl der Tiefe ist anders als bei allen vorherigen Kulturen: es weist nicht auf eine außenliegende, ontologische Ordnung wie noch bei Augustinus, sondern es weist aus der Tiefe der subjektiven Natur lediglich auf das spiegelnde Subjekt selbst zurück. In dieser Selbstspiegelung entsteht eine

Untiefe, die beinahe kein Außen mehr kennt – daher erscheinen die romantischen Naturschilderungen so oft wie Ausgestaltungen der ‚inneren Natur' selbst –, und die einen nicht versiegenden Quell darstellt: „Das unentrinnbare Gefühl der Tiefe rührt von der Erkenntnis her, daß – einerlei, was wir hervorholen – dort unten immer noch mehr ist" (Taylor 1996:678).

2.4 Sozialität

Charles Taylor beschreibt, wie zu sehen war, das neuzeitliche Subjekt anhand zweier Grundkategorien: erstens der desengagierten rationalen Kontrolle, und zweitens dem Vermögen der expressiven Selbstartikulierung qua schöpferischer Einbildungskraft. Hiermit sind aber erst *zwei* Grundkategorien moderner Subjektivität erfaßt. Ein drittes, nicht minder wichtiges Moment möchte ich unter dem G. H. Mead entlehnten Titel der ‚Sozialität' beschreiben. Während das ‚desengagierte Subjekt' sich durch Abstraktion von allen qualitativen Eigenschaften auszeichnete und das ‚expressivistische' Selbst tief im Innern des Individuums verborgene, aber grundsätzlich nichtsoziale Qualitäten (der eigenen ‚Natur', des ‚So-bin-ich') bedeutete, zielt der Ausdruck ‚Sozialität' auf *außerhalb* des Individuums liegende Qualitäten, welche zugleich – wie immer konzeptualisiert – seine *inneren* sind, kurz: auf das Soziale als eine dritte ‚Quelle des Selbst'.

Im Gegensatz sowohl zum neuzeitlichen *ego* als auch zur modernen radikal-reflexiven Innerlichkeit wurde die Idee der Sozialität im Prinzip bereits in älteren Sichtweisen artikuliert. Die platonische Ideenlehre beispielsweise führt jede denkbare Qualität eines Gegenstands auf eine entsprechende Idee zurück, an der dieser Gegenstand teilhat (*Methexis*); somit liegen die Archetypen aller einer Person zuschreibbaren Attribute (z. B. Tugend, Mut, Weisheit) außerhalb seiner in der Sphäre einer überindividuellen, überrealen Ideenwelt, und nur innerhalb dieses Ideenkosmos ist das Individuum verortbar.

Ähnlich ist die Sachlage bei der mittelalterlichen Vorstellung der harmonischen Verbundenheit von Mikro- und Makrokosmos: was immer dem Individuum eignet oder in seinem Innern verborgen liegt, korrespondiert mit (zumindest) einem makrokosmischen Pendant, wobei diese Korrespondenzen derselben göttlichen Ordnung entstammen. Sie zu entziffern *heißt*, Wissen über das Objekt zu erlangen. Alles, was die Individualität eines Wesens ausmacht, muß also eine oder mehrere äußere Entsprechungen haben, welche es erst determinieren.

Unter neuzeitlichem Vorzeichen findet sich dieser Gedanke zunächst in Leibniz' Lehre von der praestabilierten Harmonie wieder, wobei (wie ich sogleich darlegen möchte) moderner Individualismus und kosmische Harmonie miteinander verschmolzen werden. Die Leibnizsche Lehre der qualitativ determinierten Identität ist ein frontaler Angriff gegen Lockes naturwissenschaftliche Definition[29] und läßt sich auf diesem Hintergrund als Versuch interpretieren, den aufgrund der individualistischen Revolution neuzeitlicher Denkungsart verlorengegangenen vorneuzeitlichen Erfahrungsgehalt auf der Basis aktueller Paradigmen zu reintegrieren.

Nachfolgend möchte ich aufzeigen, daß Fichtes Philosophie als eine (freilich paradoxale) Apologie der Subjektzentriertheit (im Hinblick des Verhältnisses von Ich und Welt) verstanden werden kann, auf deren Hintergrund schließlich Hegel den von Leibniz metaphysisch erfaßten Sachverhalt auf eine historisch-spekulative Basis stellt. Weit über den hier direkt angesprochenen Einfluß auf Meads Sozialphilosophie hinaus liegt hiermit ein Subjektbegriff vor, dessen Spuren (ob affirmativ oder kritisch) wohl in kaum einer unserer zeitgenössischen Vorstellungen von Identität fehlen.

2.4.1 Leibniz: das Individuum als ‚Spiegel des Universums'

Locke verstand allgemein unter Identität die Gleichheit eines Dings oder Individuums an verschiedenen Orten und zu verschiedenen Zeiten. Diese Vorstellung baut auf dem analytischen Urteil auf, daß an einem Ort zu einer Zeit nur ein Ding existieren kann (vgl. Locke, *Essay* II/27/1). Leibniz ist hingegen der Ansicht, daß die raumzeitliche Unterschiedenheit gegenüber *inneren* Unterscheidungsprinzipien sekundär ist. So sind nach Leibniz alle Individuen einer Gattung zumindest minimal verschieden, „und wenn es auch mehrere Dinge der gleichen Gattung gibt, so trifft es dennoch zu, daß es unter ihnen niemals vollkommen ähnliche gibt. [...] Der genaue Begriff der Identität und der Verschiedenheit besteht also nicht in Zeit und Ort [...]" (Leibniz, *Neue Abhandlungen über den menschlichen Verstand*, II/27/1).

Dieser Gedanke der durch innere Unterscheidungsprinzipien, also *Individualität* hergestellten Identität findet sich v. a. in der *Monadologie* entfaltet. Entgegen dem Descartschen Dualismus von Geist und Materie sah Leibniz in den ‚Monaden' „die wahren Atome der Natur und – mit einem Wort – die

---

[29] Ein Streit, der immer noch aktuell ist, wie an der erwähnten Diskussion zwischen Habermas und Tugendhat ersichtlich ist; vgl. Habermas 1992.

Elemente der Dinge".[30] Als solche unterscheiden sich alle Monaden notwendig voneinander.[31] Da zudem

> „infolge der durchgängigen Erfüllung der Welt alles miteinander in Verbindung steht und jeder Körper, je nach der Entfernung, mehr oder weniger auf jeden anderen Körper einwirkt und so durch dessen Reaktion betroffen wird, so folgt daraus, daß jede Monade ein lebendiger, der inneren Tätigkeit fähiger Spiegel ist, der das Universum aus seinem Gesichtspunkte darstellt und ebenso eingerichtet ist wie das Universum selbst." (Leibniz, *Vernunftprinzipien der Natur und der Gnade*, §3)

Damit gibt Leibniz, wie Habermas (1992:194) feststellt, der Unaussprechlichkeit des *individuum ineffabile* einen positiven Sinn: „Jedes Individuum ist ein Spiegel der Welt im ganzen; grundsätzlich läßt es sich durch die Konjunktion aller auf es zutreffenden Prädikate bestimmen". Aufgrund dieser Eigenschaft der qualitativen Identifizierbarkeit der Monade ist der §9 der Monadologie als ontologische Fassung des *principium identitatis* in den philosophischen Kanon eingegangen.[32]

Betrachten wir den Charakter dieses Individualitätskonzepts näher. Manfred Frank (1986:103 ff.) weist mit Schelling darauf hin, daß Leibniz' System, welches gemeinhin aufgrund dieses Identitätsprinzips der Monadologie als ein individualistisches interpretiert wird, *dennoch* die unmittelbare Verbundenheit des singulären Individuums mit dem Weltganzen impliziert. Dieses Umstands war sich Leibniz, als Gegner des spinozistischen Universalismus,

---

[30] Leibniz, *Monadologie*, §3. Der Dualismus Descartes', als strikte Trennung von *res cogitans* und *res extensa*, wird bei Leibniz aufgehoben, insofern „die Außenwelt als aus der je einen Monade selbst entspringend begriffen ist. Leibniz ergänzt deshalb [...] die Tatsachenwahrheit des *cogito* durch das gleichursprüngliche Prinzip *varia a Me cogitantur*" (Hauser 1994:88).

[31] „Denn wenn sich die einfachen Substanzen nicht durch ihre eigentümlichen Beschaffenheiten unterschieden, so gäbe es überhaupt kein Mittel, irgendeine Veränderung in den Dingen festzustellen; [...] so würde folglich, unter der Voraussetzung der durchgängigen Erfüllung des Raumes, jeder Ort bei der Bewegung stets nur einen Inhalt aufnehmen, der dem bisherigen äquivalent wäre. Somit wäre ein Zustand der Dinge vom anderen völlig ununterscheidbar." Leibniz, *Monadologie*, §8

[32] „§9. Es muß sogar jede einzelne Monade von jeder anderen verschieden sein. Denn es gibt niemals in der Natur zwei Wesen, die einander vollkommen glichen und bei denen sich nicht ein innerer oder ein auf eine innere Bestimmtheit gegründeter Unterschied entdecken ließe". Angeblich (Lorenz 1976:146) ist diese Fassung des Identitätsprinzips sogar der ,logischen Fassung' bei Leibniz nachweisbar äquivalent („eadem sunt quorum unum in alterius locum substitui potest, salva veritate"; Leibniz 1965, Bd.7, S. 219); nichtsdestotrotz verfolgen logisches und ontologisches Identitätsprinzip andere Sachverhalte (Individualität vs. Gültigkeitsregel der Austauschbarkeit von Termen) und Erkenntnisinteressen und sollten m. E. nur unter Vorbehalt miteinander verglichen werden.

offenbar nicht bewußt.[33] Jedoch wird die vermeintlich autarke Singularität der Monade, nach Schellings Ansicht, durchzogen (man möchte sagen transzendiert) von einer ursprünglichen Koinzidenz des Unendlichen und des Endlichen: „Spinoza sagt: Es ist nur ein Universum und Eine Substanz; Leibniz: Es sind so viel Universa und so viel Substanzen als Monaden sind. Die absolute Substanz wird [indes] durch die Vielheit nicht geteilt, denn sie ist in jeder Monas *ganz*; sie ist nicht numeris, sondern dem Begriff oder der Idee nach Eine, und hört daher auch durch die Vielheit der Monaden nicht auf absolut Eine zu seyn" (Schelling 1856, I/6, S. 104, zit. nach Frank 1986:109) Diese Interpretation legt Franks (1986:110) Schluß nahe, daß bei Leibniz „die Einzelheit nicht wirklich einen Ausschluß der Allheit bedeutet. Wer *Eine* Monade vollständig erkennte, würde in ihr das All erkennen, dessen Spiegel (miroir) sie ist." So ist folglich bei Leibniz, nicht nur, wie offensichtlich, die Identität der Monade als singulär-autarke Substanz angelegt, sondern die Monade gewinnt ihre individuelle Identität eigentlich erst und nur aufgrund der praestabiliert-harmonischen *Verbundenheit mit dem Kosmos*. Die Einheit der mittelalterlichen Welt, deren Verlust Comenius beklagt hatte, findet sich anscheinend inmitten des äußerlich individualistischen Ansatzes metaphysisch aufgehoben. – Andererseits weist die Lehre von der praestabilierten Harmonie, welche die Stellung der Monaden im Kosmos festlegt, auf die von Geulen (1989/1977, Kap. 2.5) als ‚Individuationsmodell' charakterisierten Theorien voraus, welche Individualität aus der Teilhabe an verschiedenen sozialen Bereichen erklären:

> „Sehen wir von der Leibnizschen Verdrängung der [Onto-]Genese und seiner metaphysischen Konstruktion ab, so ließe sich diese Lehre in heutiger Sprache so formulieren, daß die Subjekte die Welt kognitiv verinnerlicht haben und ihr Verhältnis zueinander durch die Gemeinsamkeit dieser verinnerlichten Welt bestimmt ist; durch ihren Standort, wenn man will: ihre Rolle, ist ihre Sicht jedoch perspektivisch, und dies ist die Grundlage ihrer Individualität." (Geulen 1980:23)

Neben dieser frühen Philosophie der Individuierung qua Teilhabe am Ganzen – ein Vorläufer dessen, was hier als ‚Sozialität' herausgestellt werden soll – existiert aber auch eine ganz andere Gedankenführung in der Leibnizschen Philosophie, welche nicht wie die *Monadologie* auf der ontologisch-metaphy-

---

[33] Man muß zu dieser Betrachtung, wie Schelling sagt, Leibniz „erst besser verstehen [...], als er sich selbst verstand, um ihn richtig zu verstehen" (Schelling 1856, I/6, S. 108 nach Frank 1986:108).

sischen Ebene angesiedelt ist, sondern, im Anschluß an Locke, nach den Eigenschaften der *Person* fragt.[34]

Aufschlußreich ist für diese Fragestellung v. a. das bereits zitierte Kapitel über Identität und Verschiedenheit der Leibnizschen *Neuen Abhandlungen über den menschlichen Verstand*. Dieser direkten Auseinandersetzung mit Lockes *Essay* entstammt ein Passus, den Levita (1971:27) in seiner – bedauerlicherweise – einflußreichen Schrift über den Begriff der Identität fälschlicherweise als Resultat Leibnizscher Überlegungen präsentiert, obwohl er gerade der Rede des Philalethes – das ist der Vertreter der Lockeschen Meinung – entstammt. Tatsächlich stimmt Leibniz dessen Ansicht weitgehend zu. Die Ursache dieser bemerkenswert groben Verwechslung durch Levita mag darin liegen, daß Leibniz' Theorie personaler Identität nicht so weit von Locke entfernt ist, wie es die unterschiedlichen Paradigmen dieser Denker nahelegten – eine recht überraschende Tatsache, die übrigens erst vor kurzem genauer beleuchtet wurde.[35]

Leibniz' Wiedergabe der Lockeschen Gedanken lautet:

> „Das Wort *Person* bedeutet ein denkendes und einsehendes Seiendes, das der Vernunft und Reflexion fähig ist und das sich selbst als das *Selbst*, als etwas Selbiges, betrachten kann, welches zu verschiedenen Zeiten und an verschiedenen Orten denkt. Das geschieht einzig durch das Empfinden, das es von seinen eigenen Handlungen hat. Diese Erkenntnis begleitet immer unsere Sinneswahrnehmungen[36] und gegenwärtigen Perzeptionen, wenn sie hinreichend unterschieden sind [...]; dadurch ist jeder für sich selbst das, was er ,*ich selbst*' nennt [...]. [...] da das Bewußtsein *(consciousness)* immer das Denken begleitet und

---

[34] Verbindungsglied beider Gedankenstränge ist das Selbstbewußtsein, welches Leibniz den höheren Monaden (den vernunftbegabten Seelen oder Geistern) zuschreibt.

[35] Hauser (1994) konnte diesen im (hier erfolgenden) direkten Vergleich ganz offenbar hervortretenden Eindruck mittels einer begriffstheoretischen Betrachtung (unterschiedliche Verwendung des Apperzeptionsbegriffs bei Leibniz; vgl. Hauser 1994:76 ff.; S. 83 ff.) weiter fundieren: „[...], insofern ist in der Untersuchung zu Leibniz [...] ein Fund anzuzeigen: Stellt man die Frage nach diesen Begriffen [personaler Identität] bei Leibniz, ist man herkömmlich geneigt, die Antwort direkt aus dem monadologischen System abzuleiten. Dagegen ist geltend zu machen, daß *Apperzeption* als zentraler und folgenreicher Begriff für das 18. Jahrhundert eine erscheinende, derivative Konkretion des monadischen Gesetzes in der Zeit bezeichnet und als solche asymptotisch und infinitesimal zu letzterem ist. *Selbstbewußtsein* oder *personale Identität* ist für Leibniz eine kontingente Tatsachenwahrheit, welche hinsichtlich der Erkenntnis ihrer Wahrheit sich bloß als Wahrscheinlichkeit ausweist. Es sind also keine apriorischen Begriffe. – Leibniz folgend, ist exakt zwischen der metaphysisch-monadologischen und der phämomenal-pneumatologischen Betrachtungsweise zu differenzieren [...]" (Hauser 1994:5).

[36] Die begleitende Erkenntnis des eigenen Denkens als Kriterium des Selbstbewußtsein weist auf Kants transzendentalphilosophische Konzeption vom „Ich, das alles Denken muß begleiten können" voraus (und beinhaltet im übrigen bereits das Problem der Zirkelhaftigkeit der klassischen Bewußtseinstheorien, welches M. Frank (Hrsg.) (1991) in seinem Sammelband *Selbstbewußtseinstheorien von Fichte bis Sartre* ausführlich behandelt).

dadurch bewirkt wird, daß jeder das ist, was er ,ich selbst' nennt, und wodurch er sich von jedem anderen denkenden Wesen unterscheidet, so liegt auch allein darin das, was die persönliche Identität ausmacht, oder das, was ein vernünftiges Seiendes immer dasselbe sein läßt. Soweit sich dieses *Bewußtsein* auf vergangene Handlungen oder Gedanken erstrecken kann, so weit erstreckt sich auch die Identität dieser Person, und das *Ich* ist jetzt dasselbe, das es damals war."[37]

,Identität' meint in dieser Passage nicht ,qualitative Identität' im Sinne der intrinsischen Eigenschaften (,dénominations intrensiques'; *Monadologie* §9) der Monade, sondern ,Selbigkeit', die sich vermittels des in der Erinnerung aufgehobenen Wissens der (vernünftigen, d. h. überhaupt zur Identifikation von Sachverhalten fähigen)[38] Person von sich selbst ergibt. Dieses Wissen erst macht den wesentlichen Mechanismus möglich, mittels dessen die von Leibniz vorausgesetzte *praestabilierte Harmonie* der Welt im Falle einer Störung wiederherstellen läßt, denn erst die mit Selbstbewußtsein ausgestattete Person kann sich für ihre Taten *verantworten* (indem es sie auf sich als Urheber bezieht) und somit Belohnung oder Strafe für ihre Taten erhalten. Voraussetzung der somit konzeptualisierten moralischen oder ,persönlichen' Identität ist also jene Eigenschaft, die ontologisch die menschliche Seele von den übrigen Monaden unterscheidet: Selbstbewußtsein, also Reflexionsfähigkeit. Dieses ermöglicht nicht nur, im Verbund mit der Vernunftbegabung, daß eine Person überhaupt Verantwortung für ihre Taten übernahmen kann, sondern schafft eine personale Kontinuität auf *kognitiver* Ebene (das, quasi empirische, ,Ich' bei Leibniz), die dem Individuum eine Selbigkeit seiner selbst, durch verschiedene Zeiten, Zustände und Orte hindurch, verleiht. Sowohl die moralische Identität als auch die kognitive personale Kontinuität sind *nicht* logisch an die Substanzontologie Leibniz' gebunden; die moralische Identität ist dieser gegenüber eine *relative*, die deutlich geringere Differenzen zu den

---

[37] Leibniz, *Neue Abhandlungen über den menschlichen Verstand*, II/27/9. Leibniz ergänzt diese Ausführungen lediglich um das Kriterium des ,mittleren Zusammenhangs': von der Identität einer Person an ihre Zeit als Säugling könnte nicht gesprochen werden, wenn nur das Gedächtnis als Kriterium eingesetzt wird. Daher ergänzt Leibniz: „Es genügt, um für sich selbst moralische Identität zu finden, daß es ein *vermittelndes Bewußtseinsband [moyenne liaison de conscienciosité]* eines benachbarten [...] Zustandes zum anderen gibt [...]" (ebd.).

[38] Vernünftig in diesem Sinne ist als Gegensatz zum Wahn gemeint, der die Identitäten auflöst – um noch einmal auf die Figur des Don Quichotte in Foucaults Interpretation (Foucault 1993:78 ff.) zu rekurrieren: dieser, der mittelalterlichen *Episteme* entsprechende Typus, ist, aus der Sicht der Neuzeit, unvernünftig, weil er die Identitäten nicht gegen die Ähnlichkeiten abzugrenzen vermag; seine Vernunft ist in einem Universum von Analogien befangen. Der solchermaßen unvernünftig Denkende kann auch nicht über eine eigene Identität, im Leibnizschen Sinn des vernünftigen Wissens von sich, verfügen, da sie ihm ebenfalls in der Unschärfe der Analogien verschwimmt; seine Perzeptionen wären ständig nicht ,hinreichend unterschieden'.

Positionen der Empiristen aufweist als die substantielle Identität der Monade, und für die der Sachverhalt des *Selbstbewußtseins* von grundlegender Bedeutung ist. Diese Theorie des personalen Selbstbewußtseins als letzter Verantwortungsinstanz entspricht eher einem Denken des Desengagements (qua Objektivierung und Steuerungsinstanz) als dem oben beschriebenen Denken der Sozialität, womit sich Leibniz als eine vermittelnde Figur dieser Pole herausstellt. Die relative Getrenntheit dieser Identitätsdiskussion von Leibniz' metaphysischen Konzeptionen weist die Vermittelbarkeit dieser beiden Spannungspole sogleich in ihre Grenzen. In der Interpretation jedenfalls zeigt sich, daß Leibniz wesentliche Aspekte der Grundproblematik des neuzeitlichen Subjekts (zwischen desengagierter Isolation und Sozialität) zumindest implizit erfaßt und in den verschiedenen Teilen seines Werkes repräsentiert hat.

2.4.2 Fichte: die Nicht-Identität der Identität

Die sog. ‚kopernikanische Wende' der kantischen Transzendentalphilosophie entsprach dem herangereiften bürgerlichen Selbstbewußtsein. Die Ordnung der wahrgenommenen Welt, Naturgesetze eingeschlossen, wurde nunmehr bestimmt von den Verstandeskategorien. Kants Tendenz zur radikalen Verinnerlichung stößt jedoch mit dem Konstrukt des ‚Ding an sich' an eine unüberwindbare Grenze. Gleichsam Rückstand der transzendentalphilosophischen Betrachtung, inhäriert dem ‚Ding an sich' die Kraft alles Empirischen: es repräsentiert den Anstoß, d. h., das – nie erkennbare – Substrat der formenden Funktionen von Wahrnehmung und Verstand.

Fichte zog die Konsequenz aus der Kantischen Philosophie, indem er auch dieses kaum theoretisch subsumierbare Rudiment dem produzierenden Ich (als dessen ‚Setzung') zurechnete, wodurch er einerseits die in der kantischen Philosophie angelegte Verinnerlichungstendenz radikalisierte, andererseits aber aufgrund der bis ins Äußerste gesteigerten Konsequenz seines Gedankengangs die moderne Artikulation dessen, was hier ‚Sozialität' genannt wird, initiierte.[39] Den theoretischen Anstoß dazu gab Fichtes ‚ursprüngliche Einsicht' (Henrich 1967) in die Paradoxie der klassischen Selbstbewußtseinstheorien von Descartes bis Kant. Obwohl keineswegs mit ‚Identität' begrifflich gleichzusetzen, ist doch die Theorie des Selbstbewußtseins von besonderer Relevanz für das hier diskutierte Thema, denn sie zeigt, auf welche Weise das Paradigma der reinen Innerlichkeit über sich hinausweist.

Schon Locke hatte, wie gezeigt wurde, *Selbstbewußtsein als Voraussetzung personaler Identität* erkannt. Die klassischen Selbstbewußtseinstheorien

---

[39] Insofern Fichte aber nicht zur Formulierung echter Intersubjektivität gelangte (s. u.), verstehe ich ihn in der Nachfolge Kants eher als Autor des Desengagements.

von Locke bis Kant kranken aber am infiniten Regreß aller egologisch-reflexiven Selbstbewußtseinstheorien: daß sich jemand seiner selbst bewußt sei, fordert nämlich die Unterscheidung von denkendem Ich (Bewußtsein als Subjekt) und gedachtem Ich (das ‚Selbst' des Selbstbewußtseins als Objekt). Volles Selbstbewußtsein, volle Selbst-Identität (im Sinne der im ersten Kapitel vorgestellten Kategorie 1), erfordert aber auch, daß das denkende Ich bewußt wird, womit dieses aber zu einem gedachten wird, das von einem – logischerweise noch nicht gewußtem – denkenden Ich gedacht wird, und so *ad infinitum*. Die Existenz von Selbstbewußtsein wird demnach von egologisch-reflexiven Theorien eher ad absurdum geführt als erklärt. Fichtes Einsicht bestand in der Erkenntnis dieser Aporie und der Folgerung, daß, wenn dieser Ansatz notwendig aporetisch ist, Selbstbewußtsein aber andererseits eine phänomenale Erfahrungstatsache ist, von einem *unmittelbaren* Selbstbewußtsein ausgegangen werden muß, in dem Subjektives und Objektives absolut Eins sind (vgl. Frank 1991:447 f.).

Dieses – wie bei Kant transzendentalphilosophisch begriffene – Selbstbewußtsein nennt Fichte das ‚Absolute Ich'. Da es jenseits der Dichotomie von Subjekt und Objekt (also empirischem Ich und Welt) ist, erkennt und erschafft (‚setzt') es sich selbst gleichzeitig in seiner ersten Tathandlung: dem Satz „Ich = Ich" oder „Ich bin Ich". Die Ordnung alles theoretischen sowie praktischen Wissens und Handelns deduziert Fichte aus dem reinen mit sich identischen, sich selbst in der Tathandlung setzenden Selbstbewußtsein, unbeschränkt jeder äußeren Ursache. „Die Begründung der Identität der Person wird auf diesem Wege untrennbar verbunden mit der Begründung des Selbstbewußtseins des Menschen als praktischem" (E. Beck 1991:43).

Die Identität des Ichs wird so in bezug auf die praktische Dimension eines bestimmten *dialektischen* Umgangs mit dem Nicht-Ich (‚Setzen', Widerspruch, Synthese), beispielsweise anderen Personen, begriffen:

> „Nach Fichte kann das Bewußtsein mit jedem Gegenstand so verfahren und auf diese Weise grundlegende Bestimmungen und sich selbst zu immer größerem Reichtum entfalten. Fichte formuliert mit der Ich-Dialektik eine Figur, die später mit soziologischem Akzent bei G. H. Mead (als Verhältnis von *I* und *Me*) und anderen Identitätstheoretikern wiederkehrt." (Geulen 1980:24)

In seiner subjektiv-idealistischen Fixierung erreicht der Begriff des Absoluten Ichs jedoch keine wirkliche Intersubjektivität. So läßt sich beispielsweise zwar in genetischer Perspektive die „Wurzel meiner Individualität nicht durch eine Freiheit, sondern durch meinen Zusammenhang mit einem anderen Vernunftwesen" allein verstehen (Fichte, *Das System der Sittenlehre*, S. 202); „was ich aber von nun an werde, oder nicht werde, ist schlechterdings ganz von mir allein abhängig" (ebd.), ergo: „ich bin von dem Augenblick an, der Ich zum Bewußtsein gekommen, derjenige, zu welchem ich mich dazu mache" (ebd.). Genau dieser qualitative Aspekt handelnder Individuierung fällt aber dem formalistischen Transzendentalismus Fichtes zum Opfer, wie Habermas feststellt:

„Denn die Individuierung des Ichs [...] erweist sich im Fortgang der Konstruktion als bloßer Schein. Individualität kann Fichte in den Begriffen der Subjektphilosophie nämlich nur als Selbstbeschränkung, als Verzicht auf die Möglichkeit der Realisierung eigener Freiheit bestimmen [...]. Weil Subjekte füreinander nur Objekte sein können, reicht ihre Individualität auch in der sich wechselseitig beschränkenden Einwirkung aufeinander nicht über die objektivistischen Bestimmungen strategischer Wahlfreiheit nach dem Muster der Willkür privatautonomer Rechtssubjekte hinaus. Sobald die Einschränkungen subjektiver Freiheit als rechtliche deduziert sind, verliert denn auch die Individualität der Rechtssubjekte jede Bedeutung." (Habermas 1992:199)

Der buchstäbliche Egozentrismus der Fichteschen Philosophie wurde allerdings bereits von ihren Zeitgenossen als unbefriedigend empfunden und kritisiert. Zudem übernahm Fichte gleichsam als Hypothek des Kantischen Erbes das Problem des Übergangs bzw. der Verbindung von transzendentalem und empirischem Ich; hier wie dort ist eine Vermittlung der transzendentalen zur empirischen Ebene nur als Sollen vorstellbar. Wie Fichte formuliert: der „Machtspruch der Vernunft" (Fichte, *Grundlage der gesammten Wissenschaftslehre*, S. 300) soll den infiniten Regreß anhalten, in dem sich Nicht-Ich (‚Welt' im weitesten Sinne) und Ich stets als unversöhnlich erweisen, und den Zusammenhang von Subjekt und Welt sichern – indem das Nicht-Ich in einer durchaus paradoxen Konstruktion, daher die Notwendigkeit eines Sollens, dem Ich zugeschlagen wird.[40]

---

[40] Dazu zwei zentrale Passagen der Wissenschaftslehre: „Die eigentliche, höchste, alle andere Aufgaben unter sich enthaltende Aufgabe ist die: wie das Ich auf das Nicht-Ich; oder das Nicht-Ich auf das Ich unmittelbar einwirken könne, da sie beide einander völlig entgegengesezt seyn sollen. Man schiebt zwischen beide hinein irgend ein X, auf welches beide wirken, wodurch sie denn auch zugleich mittelbar auf einander selbst wirken. Bald aber entdekt man, daß in diesem X doch auch wieder irgend ein Punkt seyn müsse, in welchem Ich und Nicht-Ich unmittelbar zusammentreffen. Um dieses zu verhindern schiebt man zwischen und statt der scharfen Grenze ein neues Mittelglied = Y ein. Aber es zeigt sich, daß in diesem ebenso wie in X ein Punkt seyn müsse, in welchem die beiden entgegengesezten sich unmittelbar berühren. und so würde es in's unendliche fortgehen, wenn nicht durch einen absoluten Machtspruch der Vernunft, den nicht etwa der Philosoph thut, sondern den er nur aufzeigt – durch Den: es *soll*, da das Nicht-Ich mit dem Ich auf keine Art sich vereinigen läßt, überhaupt kein Nicht-Ich seyn, der Knoten zwar nicht gelös't, aber zerschnitten würde" (Fichte, *Grundlage der gesammten Wissenschaftslehre*, S. 300 f.). „Die verminderte Thätigkeit des Ich [damit ist das Phänomen gemeint, daß das Ich sich selbst nicht alle Realität zuschlägt, sondern Teile derselben dem ‚Nicht-Ich' zurechnet] muß aus dem Ich selbst erklärt werden, der lezte Grund derselben muß in das Ich gesetzt werden. Dies geschieht dadurch, daß das Ich welches in dieser Rücksicht praktisch ist, gesezt wird, als ein solches, welches den Grund der Existenz des Nicht-ich, das die Thätigkeit des intelligenten Ich vermindert, in sich selbst

Wenn auch der Begriff des Absoluten Ichs ein rein metaphysischer bleibt, so entstammt Fichtes Werk die für Schelling und Hegel so wichtige Erkenntnis, daß das Subjekt nicht eine monolithische Struktur darstellt (noch weniger eine Substanz), die der Welt gegenüberstünde (wie noch das transzendentale Ich Kants), sondern daß Ich und Welt nur in einem umfassenden *Handlungszusammenhang* begriffen werden können. Nicht nur stiftet das transzendentale Subjekt die Einheitlichkeit der Wahrnehmungswelt und derlei Identitäten, indem es diese gleichsam aus seiner eigenen schon immer vorhandenen (weil transzendentalen) Identität produziert; vielmehr ist auch die Identität des (empirischen) Ichs, isoliert betrachtet, scheinhaft, weil bloßes Moment einer übergreifenden Einheit von Ich und Welt (Nicht-Ich) – einer Identität, die *in sich* differenziert ist,[41] wobei diese übergreifende Einheit des Absoluten Ichs durchaus als idealistischer Vorläufer eines Gesellschaftsbegriffs verstanden werden kann. Wenn ich Fichtes Entwurf trotz seiner Ego-Zentriertheit als Klassiker eines Denkens der Sozialität in Anspruch nehme, so findet dies in der Kombination von genetischer[42] Ich-Dialektik und Gesellschaftlichkeit seine Berechtigung – nicht zuletzt verdankt G. H. Mead diesem Grundgedanken explizit Einsichten, deren Spuren sich durch sein ganzes Werk ziehen:

„Fichte dachte ein Absolutes Ich, das eben eine Organisation *aller* Ich-Identitäten sei [...]. Das Universum als solches ist dann die Schöpfung dieses Absoluten Ich im selben Sinn, wie kultiviertes Land und großstädtische Regionen von der Gesellschaft geschaffen werden, die darin lebt." (Mead 1936:101, zit. nach der Übersetzung von Joas 1989:53)

---

enthalten *solle:* eine unendliche Idee, die selbst nicht gedacht werden kann durch welche das zuerklärende nicht sowohl erklärt, als vielmehr gezeigt wird, *daß,* und *warum* es nicht zu erklären sey; der Knoten nicht sowohl gelös't, als in die Unendlichkeit hinaus gesezt wird" (ebd. S. 311).
Hegel kommentiert dies in der Differenzschrift: „Welche Vereinigung ist aber bei Voraussetzung absolut Entgegengesetzter möglich? Offenbar gar keine [...]. Die absolute Identität bleibt zwar Prinzip der Spekulation, aber es bleibt, wie sein Ausdruck ‚Ich = Ich' nur die Regel, deren unendliche Erfüllung postuliert, aber im System nicht konstruiert wird" (Hegel, *Differenz des Fichteschen und Schellingschen Systems der Philosophie,* S. 60).

[41] In Fichtes Dialektik enthält *jegliche* Identität zweier *Gleicher* A und B eine Differenz (= X, das unterscheidende Merkmal), sowie umgekehrt der Differenz zweier Verschiedener A und B ein Identisches (= X, der Aspekt, unter dem sie überhaupt verglichen werden können) innewohnt. Die Identität des Subjekts mit sich muß demnach eine Differenz enthalten – die es logischerweise nicht selbst sein kann, um überhaupt identisch sein zu können. Damit ‚dekonstruiert' Fichte förmlich Identität, die vormals (mit dem Argument, daß *tertium non datur*) tautologisch als A = A, als vorauszusetzendes und nicht hinterfragbares Fundament allen Denkens verstanden wurde .

[42] „Seine [Fichtes] Theorie der schrittweisen Elaboration der logischen Struktur aus dem Ich als Versuch einer genetischen Erklärung des Kantischen Apriori antizipiert die Piagetsche Theorie der kognitiven Entwicklung zu jeweils höheren, äquilibrierten Stufen von Begrifflichkeit" (Geulen 1980:24).

2.4.3 Hegel: Inter-Subjektivität

Hegels kritische Synthese aus Fichtes subjektiv- und Schellings objektiv-idealistischem Ansatz betrachtet Subjekt und Objektivität konsequent in ihrem wesensmäßigen Bezogensein aufeinander. Dabei fällt Hegel nicht hinter die kritisch-idealistische Erkenntnis zurück, daß die Welt des Subjekts eine vom ihm selbst ,transzendental' produzierte ist; in der sog. *Differenzschrift* aber stellt er die Aporien des Fichteschen Systems dar und weiß daher, daß das ,Absolute Ich' Fichtes mangels nachweisbaren Übergangs zum empirischen Ich ebensowenig Objektivität beanspruchen kann wie vormals Kants Ding an sich.[43] Die Objektivität der Bewußtseinstatsachen gründet nicht im Individuum, sondern, wie Hegel von Schelling lernt, im geschichtlichen Entwicklungszusammenhang des Ganzen, in *Geist*, der sich, letztlich, aus Natur entwickelt hat. Der reziproke Zusammenhang von Individuum und Ganzem (subjektivem und objektivem Geist) gründet nun einerseits darin, daß Objektivität ihren Platz nirgendwo anders hat als im Subjektiven selbst, ohne dessen bewußtseinsmäßige Strukturen sie nicht existierte – aber es ist Objektivität, nicht wie bei Fichte Emanation des rein Subjektiven, was im Bewußtsein zur Darstellung kommt; andererseits wird das Subjekt Teil der objektiven Welt durch sein *Handeln*, indem es mithin seine Bewußtseinstätigkeiten in der äußeren Welt *verobjektiviert*. Eine solche Objektivierung hat nicht etwa durch den Status eines ,Ding an sich' Objektcharakter, sondern dadurch, daß nur Objektiviertes wiederum Objekt (des Handelns, Denkens etc.) anderer Subjekte sein kann. Der geistes- und handlungsmäßige *Interaktionszusammenhang* der Subjekte stellt folglich Objektivität als solche erst her, wie sich umgekehrt das einzelne Subjekt als solches erst im Zusammenhang einer Objektivität konstituieren kann: die Identität des Subjekts in der Einheit seines Selbstbewußtseins bildet sich also in der *entäußernden* Auseinandersetzung mit einer sozialen und dinglichen Umwelt – es besteht demnach, im Gegensatz zu Rousseau, bei Hegel ein *positiver* Zusammenhang von Subjektivität und Gesellschaftlichkeit, der von einem reziprok aufeinander verwiesenen (,dialektischen'), in sich differenzierten Einheitsverhältnis von Einzelnem und Allgemeinem ausgeht. Wesentliche Momente und logische Voraussetzungen des Selbstbewußtseins (welches vor Hegel stets als *Ausgangpunkt* des Fragens, und nicht als *Objekt* der Betrachtung gedacht wurde) sind einerseits *Arbeit* und andererseits

---

[43] Die Entgegensetzung von absolutem und empirischem Ich muß Fichte aufheben, wenn er die Kernaussage seines Programms erweisen will. „Dies muß geschehen, wenn das reine Bewußtsein aus sich selbst eine Mannigfaltigkeit von Tätigkeiten produziert, welche der Mannigfaltigkeit des empirischen Bewußtseins gleich ist; hierdurch würde sich Ich = Ich als der immanente Realgrund der Totalität des Auseinander der Objektivität erweisen" (Hegel, *Differenz . . .*, S. 64).

beit und andererseits *Anerkennung.* Habermas faßt diesen Gedanken wie folgt zusammen und unterstreicht dabei die Modernität des Hegelschen Ansatzes:

> „Hegels Dialektik des Selbstbewußtseins überschreitet das Verhältnis der einsamen Reflexion zugunsten des komplementären Verhältnisses sich erkennender Individuen. [...] Erst auf der Basis wechselseitiger Anerkennung bildet sich Selbstbewußtsein, das an der Spiegelung meiner im Bewußtsein eines anderen Subjektes festgemacht sein muß. Deshalb kann Hegel die Frage nach dem Ursprung der Identität des Ich nicht wie Fichte mit einer Begründung des in sich zurücksteigenden Selbstbewußtseins beantworten, sondern allein mit einer *Theorie des Geistes.* Geist ist das nicht das Fundamentum, das der Subjektivität des Selbst im Selbstbewußtsein zugrunde liegt, sondern das Medium, *in* dem ein Ich mit einem anderen Ich kommuniziert und *aus* dem, als einer absoluten Vermittlung, beide zu Subjekten wechselseitig sich erst bilden. [...] Die ursprüngliche Einsicht Hegels besteht darin, daß Ich als Selbstbewußtsein nur begriffen werden kann, wenn es Geist, d. h. wenn es von der Subjektivität zur Objektivität eines Allgemeinen übergeht, in dem auf der Basis der Gegenseitigkeit die als nichtidentisch sich wissenden Subjekte vereinigt sind. Weil Ich in diesem genau explizierbaren Sinne Identität des Allgemeinen und des Einzelnen ist, kann die Individuierung eines Neugeboren [...] nur als ein Vorgang der Sozialisierung begriffen werden. Dabei darf Sozialisierung freilich ihrerseits nicht als Vergesellschaftung eines gegebenen Individuums betrachtet werden, sie selbst bringt vielmehr ein Individuiertes erst hervor". [44]

2.5 Diskurse des Selbstbezugs: Ich, Selbst, Identität

Die historische Betrachtung ergab drei Weisen, in denen der Selbstbezug des Individuums thematisiert wurde. Die ersten beiden tragen Taylors Titel des ‚Desengagements' bzw. des ‚Expressivismus', die dritte schließlich wurde soeben unter der Kennzeichnung der ‚Sozialität' vorgestellt. In dieser Trias sind wesentliche Selbstbezugsformen moderner Subjektivität *idealtypisch* konzeptualisiert:

Der desengagierte Selbstbezug ist, wie aufgezeigt wurde, rein formaler Natur, insofern er sich gerade durch die Abspaltung alles Inhaltlichen konstituiert. Die kartesianische *res cogitans*, Lockes *Person*, Rousseaus (vernunftbestimmte) *innere Gewissensstimme*, Kants *Erkenntnissubjekt* und auch Fichtes *Absolutes Ich* sind ‚punktförmige', hochabstrakte Konzeptionen; sie stehen,

---

[44] Habermas 1969:13-15. Jüngere Arbeiten setzen sich weiter mit dem bisher eher vernachlässigten Aspekt der Anerkennungstheorie der Jenaer Periode Hegels auseinander und legen nahe, daß im Kern – abgesehen von den zeitgemäßen metaphysischen und bewußtseinstheoretischen Verkürzungen – bereits beim frühen Hegel eine Theorie der Stufenentwicklung von Ich, Selbstbewußtsein und Identität (Wildt), bzw. der gesellschaftlichen Moralentwicklung (Honneth 1994) im Zuge der sozialen Auseinandersetzung auf verschiedenen Ebenen, im Kern vorhanden ist (die aber der spätere Hegel nicht weiter ausarbeitet, sondern, im Gegenteil, im Rahmen seines teleologischen Systems marginalisiert).

z. T. explizit, außerhalb jedes lebensweltlichen Erfahrungsbereiches, determinieren diesen jedoch dem Anspruch nach – wir können sie also als *transzendente Modellierungen* des Selbstverhältnisses zusammenfassen, und sie durch den (idealtypisch verstandenen) Begriff des *Ich* repräsentieren. Hinsichtlich der in Kapitel 1 vorgestellten Differenzierung fallen die desengagierten Subjektbegriffe und die mit ihnen verbundenen Identitätsvorstellungen unter die Kategorien 1) bzw. 2) (subjektiv, nicht-qualitativ bzw. numerisch).

Der expressivistische Selbstbezug wird *rein* qualitativ gedacht. Wir fanden ihn bei Rousseau und Herder; eine ausgedehntere historische Untersuchung hätte Schelling, Kierkegaard und Nietzsche einbezogen (vgl. Holl 1972; Hörisch 1980; E. Beck 1991). Die Besonderheit dieses – *naturgemäß* – etwas dunklen Begriffs ist seine unmittelbare (leiblich-emotional-existentielle) Verbundenheit mit dem Individuum – es bedarf einer Distanz: der Distanz einer neuen, poetischen Sprache, um einen halbwegs bewußten Zugang zum Innerlich-Verborgenen zu erlangen. Die hier angesprochene Struktur möchte ich als ‚Selbst' idealtypisch kennzeichnen, und zwar aufgrund der begrifflichen Kontinuität von Rousseau (‚moi seul') über Kierkegaard bis Nietzsche und darüber hinaus (etwa in Alltagsbegriffen wie ‚Selbstverwirklichung', ‚Selbstfindung', ‚wahres Selbst', etc.). Freilich ist dieser Titel nicht ganz unproblematisch, insofern er einerseits mit der deutschen Übersetzung des amerikanischen *self* und andererseits mit psychoanalytischen oder psychologischen Selbst-Begriffen verwechselt werden kann. Im Kontext dieses Kapitels bedeutet *Selbst* also soviel wie ‚expressivistisch-existentielles Selbst'.

Der sozial vermittelte Selbstbezug schließlich ist ebenfalls ein qualitativ gedachtes Phänomen: er ist vermittelt über gesellschaftliche Begriffe, Normen, Werte, Positionen, Rollen, etc. Die Vermittlung solcher sozialen Inhalte ist an *Symbole* gebunden. Der resultierende Selbstbezug ist (wie v. a. das folgende Kapitel über G. H. Mead aufweisen wird) ein objektiv reflektierter, d. h., er ist als symbolisch vermittelter prinzipiell der subjektiven Reflexion zugänglich (im Gegensatz zum innerlich-expressivistischen Selbstbezug, von dem nur Transformationen oder Interpretationen bewußt erfaßbar sind).[45] Mit dieser etwas umständlichen Formulierung möchte ich vermeiden, diese Form des Selbstbezugs schlicht als bewußt zu kennzeichnen – dies würde möglicherweise Teile des Phänomens ausschließen (s. dazu ebenfalls das folgende Kapitel). Diese Form des Selbstbezugs möchte ich idealtypisch als *Identität* kennzeichnen und insbesondere gegen den vorgestellten Begriff des *Selbst*

---

[45] Dieser Selbstbezug entspräche dann einem ‚praktischen Bewußtsein': „Practical consciousness is integral to the reflexive monitoring of action, but is ‚non-conscious' rather than unconscious. [...] Yet there are no barriers separating discursive and practical consciousness [...]" (Giddens 1991:36).

abgrenzen – letzteres ist, in meiner Terminologie, nicht unmittelbar bewußtseinsfähig und kann als nicht Identifizierbares schwerlich den Titel ‚Identität' tragen. Es bewegt sich *außerhalb der gesellschaftlichen Kategorien.* Dennoch teilt es die formalen Eigenschaften (elementare Identitätskategorie Nr. 3) des hier vorgestellten Idealtypus ‚Identität', wodurch sich ein besonderer Diskussionsbedarf ergibt.

Tabelle 1 gibt einen, zur Illustration ein wenig vervollständigten, Überblick über die drei vorgestellten Typen des Selbstbezugs:

Tabelle 1

Modus	Desengagement	Expressivismus	Sozialität
idealtypische Instanz	‚Ich'	‚Selbst'	‚Identität'
Art des Selbstbezugs	formal	leiblich, emotional, ästhetisch, existentiell	symbolisch
Verhältnis zum Individuum	dissoziiert	unmittelbar	reflexiv
im Text berücksichtigte Autoren	Descartes Locke ‚Rousseau I' Kant Fichte	‚Rousseau II' Herder	Leibniz Hegel
weitere Autoren (Beispiele)	Freud: ‚Ich'[46]	Montaigne Schelling Kierkegaard Nietzsche Freud: ‚Es' Heidegger	Marx Durkheim Freud: ‚Über-Ich' Simmel Mead

In der Folge dieser Untersuchung geht es um den auf der Basis von *Sozialität* gedachten Begriff der Identität. Er entspricht der im ersten Kapitel dargelegten Kategorie 3) (subjektiv, qualitativ, synchron), also einem sozialphilo-

---

[46] Diese Zuordnung Taylors (1996:315) ist freilich diskutabel, insofern das Ich genetisch und energetisch vom Es abhängt (vgl. Freud 1923), läßt sich aber jedenfalls hinsichtlich der Steuerungs- und Realitätsprüfungsfunktionen des Ich behaupten.

sophischen, sozialpsychologischen und z. T. soziologischen Identitätsbegriff. Mein Interesse gilt dabei einerseits der umfassenderen Untersuchung des Charakters dieses Begriffs, also seiner strukturellen und inhaltlichen Eigenschaften und Implikationen, insbesondere, was die Beziehung von Identität und Sozialität betrifft. Um diesen Aspekt vergesellschafteter Subjektivität zu erarbeiten, gibt es m. E. keinen geeigneteren Autoren als G. H. Mead, weil im Gegensatz zu den späteren, methodisch spezialisierten Adaptionen (z. B. im Symbolischen Interaktionismus) ein noch immer ungehobener gedanklicher Reichtum in einer großen perspektivischen Vielfalt der Rekonstruktion harrt. Dabei entfaltet sich, was als besondere Stärke einzuschätzen ist, Meads Theorie gerade an ihrer Kritik.

Andererseits möchte ich die Abgrenzung des so verstandenen Identitätsbegriffs zum *Selbst* im oben dargelegten Sinn in den Blick bekommen. Dieses belegt mit seinen Konnotationen der Originalität, individueller ‚Natur' und später der ‚Eigentlichkeit' (Heidegger) den Platz wahrer Autonomie, dem gegenüber *Identität* als gesellschaftlich vermittelte Instanz der Heteronomie angesehen wird. Auch für diese Diskussion erscheint mir Meads Werk als Theorie der Wahl, weil sie sowohl durch die vielfältigen körperbezogenen Konnotationen (z. B. im Begriff der Geste) als auch durch die in den spätphilosophischen Schriften umrissenen Gedanken zur Sozialität als gesellschaftlicher Konstruktion der Wirklichkeit eine Diskussion im Rahmen neuerer Theorien nicht nur erlaubt, sondern geradezu fordert.

3. Kapitel: Die Emergenz von Welt und Selbst – zur Identitätstheorie George Herbert Meads

Meads Gedanken gehen weit über die Konstitution einer Identitätstheorie hinaus. Ihr Anspruch ist, was dem reduktionistischen Anklang ihrer Kennzeichnung als ‚Sozialbehaviorismus' kaum zu entnehmen wäre, nicht viel bescheidener als der der Hegelschen Logik,[47] die soziale Welt als *Ganzes* im Rahmen einer Theorie zu explizieren – einbezogen sind die Sphären des Individuums, der Gesellschaft, des Kosmos (Theorien des physischen Objekts, des Raums und der Zeit) unter erkenntnistheoretischen, semiotischen, metaphysischen, soziologischen, psychologischen, psychophysiologischen, anthropologischen, ethischen, pädagogischen, historischen und schließlich politischen Aspekten. Die Rekonstruktion der Identitätstheorie Meads darf sich daher nicht auf die weithin rezipierten Vorlesungen des Bandes *Geist, Identität und Gesellschaft* beschränken, zumal seit Joas (1989/1980) eine das verfügbare Material weitestgehend integrierende Interpretation vorliegt, welche die Einsicht in die theoretische Kohärenz der Arbeiten Meads wesentlich gefördert hat.

Kern des Meadschen Identitätsbegriffs ist die Bemühung um ein Subjektverständnis, welches den kartesianischen Dualismus von Ich (*res cogitans*) und Welt (*res extensa*) auf allen Ebenen überwindet und ein an Hegel angelehntes Vermittlungsmodell an dessen Stelle setzt. Daher kann für Mead kein *unmittelbares* Selbstverhältnis existieren: jede mögliche Beziehung zu sich setzt eine entsprechende Welt voraus, aus der heraus bzw. über die vermittelt das Individuum sich gewinnt, indem es sich in Prozessen der Haltungs- Rollen- oder Perspektivenübernahme ihre Strukturen und Inhalte aneignet. Die Welten – seien es physische, leibliche oder soziale – werden dabei nicht einfach als vorgängig vorausgesetzt, sondern als bereits von Individuum aktiv (mit-)konstruiert gedacht, was in einem hochgradig komplexen Vermittlungsverhältnis resultiert. Hierbei spielt das Moment der Kommunikation und des intersubjektiv geteilten Symbols eine entscheidende Rolle. Die Ontogenese von Identitätsstrukturen ist daher eng an den Erwerb sprachlicher Bedeutungen und der in ihnen begriffenen sozialen und kulturellen Gehalte gekoppelt.

---

[47] Wie Mead schon früh bemerkte, würde die von ihm gesuchte „allgemeine Theorie des vernünftigen Handelns in ihrer Gesamtheit dem Bereich der Logik zugeordnet werden, wie er in Werken wie etwa dem von Hegel behandelt wird." (Mead 1900, GA1:62 – die Liste der verwendeten Siglen befindet sich auf S. 111)

3.1 Vorsymbolische und symbolische Interaktion: Meads Modell des Spracherwerbs

Mit Mead sind zwei Modi der Interaktion zu unterscheiden: einerseits die vorsymbolische Gestenkonversation, andererseits die symbolvermittelte Interaktion. Die Gestenkonversation ist eine objektiv sinnvolle Abfolge von Gebärden, deren Bedeutungen aber den sie äußernden Individuen nicht bewußt sind. So kann eine Handlungsabsicht oder Verhaltensdisposition an einer bestimmten Körperhaltung oder Mimik sichtbar werden und im sozialen Gegenüber eine sinnvolle Reaktion auslösen – eine Angriffsgebärde beispielsweise kann ein Fluchtverhalten oder eigene Drohgebärden auslösen –, ohne daß hierbei die interagierenden Individuen ihren Gesten jeweils eine identische Bedeutung zumessen: „Wenn wir sagen, daß der Geste ›A‹ die Idee ›a‹ entspricht, so löst die Geste ›A‹ des ersten Wesens die Geste ›B‹ und die damit verbundene Idee ›b‹ im zweiten Wesen aus".[48] Obwohl eine Geste eine bestimmte Reaktion auslöst, handelt es sich hierbei „nicht um Gesten in dem Sinne, daß sie etwas besagten. Wir nehmen nicht an, daß der Hund sich sagt: ‚Wenn das Tier aus dieser Richtung kommt, wird es mir an die Kehle springen, und ich werde mich so bewegen'" (GIG:82). Die Reaktion eines Individuums gibt erst der Geste des anderen einen Sinn, wobei – das ist der springende Punkt – beide Individuen eben *nicht* dieselben Reaktionen mit den Gesten verbinden: ein bedrohliches Knurren erschreckt nicht das knurrende Tier selbst, sehr wohl aber den Adressaten. Auf diese objektiv sinnvolle, aber nicht bedeutungshaltige oder intentionale Weise funktionieren instinktgesteuerte und nicht-bewußte Interaktionsprozesse; dies ist auch, jedenfalls vom Kind aus betrachtet, die Struktur frühkindlicher sozialer oder ‚protosozialer'[49] Interaktion

Demgegenüber ist symbolvermittelte Kommunikation dadurch gekennzeichnet, daß die Lautgesten für den Sender wie für den Empfänger *dieselbe* Bedeutung haben: „Wir lösen ständig, insbesondere durch vokale Gesten, in uns selbst jene Reaktionen aus, die wir auch in anderen Personen auslösen, und nehmen damit die Haltungen der Personen in unser eigenes Verhalten herein. [...] Das ist es, was den Sinn eines Objektes ausmacht, nämlich die gemeinsame Reaktion des eigenen Selbst und der anderen Person, die wieder-

---

[48] Mead, *Geist, Identität und Gesellschaft*, S. 88 f. – im folgenden: GIG
[49] Angesichts des noch nicht entwickelten Bewußtseins kann man protosoziales Verhalten „als zwar nicht sozial intendiert, aber sozial wirksam bezeichnen (z. B. Interesse für Gesichter, Nachahmen, Interesse für Sprachstimuli, Anschmiegsamkeit, Sich-besänftigen-lassen)" (Rauh 1995:201). Dabei reserviert man den Terminus sozialen Handelns für dasjenige Handeln, „das sich intentional in bestimmter Weise auf andere Subjekte bezieht [...]" (Geulen 1982:26).

um zum Reiz für das eigene Selbst wird" (GIG:108 und 113, Übersetzung korrigiert). Die *Bedeutung* eines Objekts ist somit die Summe dessen, was mit ihm ‚getan' werden kann.

Hiermit taucht die Frage auf, wie es sich erklären läßt, daß verschiedene Individuen identische Bedeutungen bzw. Reaktionsweisen aufweisen. Mead versucht dies dadurch zu begründen, daß der Säugling dazu tendiert, „die allgemeinen Haltungstypen der es umgebenden Menschen zu übernehmen, und zwar nicht durch direkte Nachahmung, sondern durch seine Tendenz, in jeder Situation in sich selbst die gleiche Reaktion wie bei anderen auszulösen" (GIG:420). Dabei „bedeutet die Geste der anderen Person nicht ihre Gedanken, nicht einmal ihre Gefühle", wie Wundt annahm, sondern vielmehr „das, was man selbst im Zusammenhang damit zu tun gedenkt" (GIG:88), sie signalisiert also dem Rezipienten die evtl. der Gebärde folgende Handlung.

Soll das Kind in sich auf eine Gebärde hin die gleiche Reaktion bzw. eine Reaktion vom selben ‚allgemeinen Haltungstypus' wie bei anderen auslösen, so müssen jedoch diese Reaktionshandlungen bereits bei ihm vorhanden sein. Es muß sich also noch um phylogenetisch verankerte Verhaltensweisen handeln: die Lautgebärde löst im Kind „die Reaktionen der Erwachsenen aus, da sie seine eigenen elterlichen Impulse und später andere Impulse anregen, die in ihrer kindlichen Form in seinem Zentralnervensystem zu reifen beginnen. [...] Das Kind ist durch seine eigenen Impulse sich selbst gegenüber zum Elternteil geworden" (GIG:419 f.), zum Beispiel wenn ein Kind weint und daraufhin selbst die beruhigenden Geräusche der elterlichen Schutzhaltung von sich gibt.

Es ergibt sich an dieser Stelle das Problem, daß Mead, der ja gerade nicht von bereits bestehenden Bedeutungen ausgehen, sondern deren Entstehung im sozialen Kontext erklären wollte, entweder von vererbten instinktiven Handlungsmustern ausgehen muß oder aber gezwungen ist zu erklären, wie andernfalls gemeinsame Reaktionen entstehen können. Durch die Annahme frühkindlicher mimetischer Prozesse der Nachahmung von Bewegungen und Gesten hätte sich dieses Problem sachgemäß lösen lassen. Da nach Meads Ansicht aber Nachahmung eine *Folge*, und nicht Voraussetzung, des Symbolbesitzes ist (GIG:99), kann sie in seinem Spracherwerbsmodell keine maßgebliche Rolle spielen. Für den Spracherwerbsprozeß kommen folglich nur phylogenetisch verankerte Verhaltensweisen in Frage; auf dieser Basis erklärt Mead den Erwerb sprachlicher Symbole mittels eines mechanistisch-behavioristischen Modells der selektiven Herausfilterung bestimmter Laute und Reaktionshandlungen durch soziale Verstärkung (GIG:104 f. und 420), das heute nur noch kurios wirkt (weswegen es hier nicht dargestellt wird).

3.2 Kritischer Exkurs: Mimetische Interaktion und präverbales Selbst

3.2.1 Probleme der ‚selektionistischen' Spracherwerbstheorie

Wenn Mead, wie gezeigt, eine instinktiv verankerte Form der Bedeutungsidentität sprachlicher Symbole voraussetzt, bleibt der Erwerb genuin *sozial konstituierter* Bedeutungen offen. Mead gerät hiermit also in Erklärungsnot: denn ein Symbol kann im Rahmen seines Modells erst dann Verwendung finden, wenn bereits in beiden kommunizierenden Individuen gleiche Reaktionsmuster vorhanden sind. Wenn diese Muster aber weder biologisch vererbt (was keine akzeptable Erklärung des Kulturphänomens Sprache abgibt) noch sozial durch mimetische Aneignungsprozesse hergestellt werden, bleibt ihre Herkunft ungeklärt. Durch eine zirkuläre Argumentation, welche „die Entwicklung signifikanter Symbole durch die Übernahme der Einstellung des anderen und dann wiederum die Einstellungsübernahme mit Hilfe der Konzeption signifikanter Symbole erklärt" (Wagner 1993, 35), weist Mead nun den signifikanten Symbolen die Position einer Urheberschaft (nicht-instinktgesteuerter) sozialer Beziehungen zu und *hypostasiert* damit die Bedeutung von Sprache und Bewußtsein für soziale Prozesse, indem implizit die Annahme gemacht wird, Sprache erzeuge und reproduziere die sozialen Bedeutungen gleichsam aus sich selbst heraus.

Damit ist im Grunde die ganze Spracherwerbstheorie Meads, soweit sie über instinktgesteuerte Interaktionen hinausgeht, in Frage gestellt. Wagner schlägt daher vor, die Theorie an dieser Stelle unter Rekurs auf K. Lorenz' Ansatz einer evolutionären Erkenntnistheorie sowie auf Chomskys Theorie der Universalgrammatik zu aktualisieren: wird das offenbar typisch menschliche Sprachvermögen als Produkt eines Evolutionsprozesses, also ein „im Laufe der Stammesgeschichte entstandenes materiales Apriori" (ebd., S. 36), betrachtet, so bietet Chomskys Grammatiktheorie im Einklang mit Meads evolutionistischer Argumentation die Möglichkeit, die gattungsgeschichtlich emergente Universalgrammatik als Garant eines ‚gattungsgeschichtlich universell Identischen' anzusetzen:

> „Der vom Sender artikulierte Laut trifft beim Empfänger wie auch bei ihm selbst auf ein gleiches biologisch verankertes materiales Apriori, das – auf Sprache im Sinne von Grammatikalität bezogen – ein identisches universalgrammatisches Regelsystem beider Interaktionsteilnehmer involviert. Die Frage, wie vokale Gebärden zu signifikanten Symbolen werden, läßt sich jetzt beantworten: Das vom Sender Artikulierte kann in diesem implizit die gleiche Reaktion auslösen, die es explizit im Empfänger auslöst, weil von beiden Interaktionsteilnehmern das Artikulierte in seiner syntaktischen, phonologischen und semantischen Dimension auf der Folie universalgrammatischer Regeln interpretiert werden kann." (ebd., S. 37)

Dieser Hinweis Wagners ist vor allem insofern sehr wertvoll, als er Meads Vernachlässigung der Grammatik berichtigend entgegenwirkt und die Genese des signifikanten Symbols in eine Theorie der Genese grammatischer Strukturen einzubetten versucht.[50] Es ist jedoch einzuwenden, daß diese *strukturellen* Aspekte immer noch nicht das konkrete Entstehen *inhaltlich* übereinstimmender Symbole erklären, sondern allenfalls als deren notwendige Bedingung anzusehen sind (zudem übernimmt Wagner durch den Rekurs auf Chomsky eine nativistische Position, an der bereits Helsper (1989) kritisiert hat, daß sie die Gesellschaftlichkeit des Subjekts nicht ausreichend berücksichtigt).[51]

3.2.2 Meads 'struggle against mimesis'

Statt des Rekurses auf biologische Determinanten empfiehlt sich daher ein kritischer Blick auf das oben angedeutete, dem Darwinismus entlehnte Selektionsschema, welches Mead zur Erklärung der Sprachentstehung verwendet. R. Leys (1993) vermutet, daß Mead dieses auffallend umständliche Selektionstheorem vor allem mit dem Ziel der Abgrenzung gegen *jene* Vorstellung von Nachahmung bemüht, wie sie der auf die damalige amerikanische Soziologie einflußreiche französische Soziologe Gabriel Tarde (1903/1890) vertreten hat. Dessen – nicht zuletzt der zeitgenössischen Erfahrung des Hypnotismus entlehnte – *Imitations-Suggestions-Theorie* nahm als Grundlage gesellschaftlicher Prozesse[52] quasi 'mikrosoziale', sich unbegrenzt ausbreitende Nachahmungen von Ideen und Neuerungen (*inventions, models*)[53] an, welche im wesentlichen vom sozial Überlegenen (Herr, Patrizier, Adligen, Kleriker, Städter, Vater etc.) zum Unterlegenen (Sklave, Plebejer, Gemeine, Laien, Provinzler, Sohn etc.) verlaufen. Wie eine frühe Vorwegnahme der Habitustheorie Bourdieus erscheint Tardes Feststellung, daß „Imitation [...] *proceeds*

---

[50] Dies ist insbesondere im Hinblick auf die Paradigmenspaltung der Theorien sprachlicher Sozialisation interessant, die – einzeln betrachtet – jeweils verschiedene Erklärungsnotstände aufweisen und insgesamt „die lern- und sozialisationstheoretischen Probleme [...] doch noch weitgehend rätselhaft erscheinen" lassen (Miller/Weissenborn 1998:549).

[51] Daß „die grundlegenden Kompetenzstrukturen in ihrer Entwicklungslogik [...] einem dem Menschen inhärenten Bauplan zugeschrieben oder wie bei Chomsky als angeborene Kompetenz gefaßt werden", bedeutet letztlich, „die grundlegende Gesellschaftlichkeit des Subjekts biologisch-anthropologisch zu fassen", statt „die Entfaltung der Kompetenzstufen aus den gesellschaftlichen Prozessen der Hervorbringung des Subjekts selbst" zu erklären (Helsper 1989:21).

[52] Tatsächlich erhebt Tarde dieses Paradigma zum universellen kosmischen Gesetz: „The supreme law of imitation seems to be its tendency towards indefinite progression. This immanent and immense kind of ambition is the soul of the universe" (Tarde, *On Communication and Social Influence*, S. 189).

[53] Tarde nennt als Beispiel etwa das sich in 'geometrischem' Maße verbreitende Evolutionsparadigma (Tarde, *On Communication and Social Influence*, S. 191).

from the inner to the outer man" (Tarde 1969:185); sie durchzieht das Individuum und läßt es zur Kopie werden, besser: zum Agenten seiner eigenen An-
gleichung an von ‚oben' kommende (ästhetische, politische, wissenschaftli-
che, ökonomische etc.) Vorgaben: „To have only ideas that have been sug-
gested and to believe them spontaneous: such is the illusion of the
somnambulist and such of the social man" (Tarde 1903:77, zit. nach Leys
1993:279). Daß nach Tardes Vorstellung Imitation, nach ihrer Befreiung aus
den hereditären Mechanismen der Ständegesellschaft, zu einem Vehikel
gesellschaftlicher Befreiung und Rationalisierung, Demokratisierung und
optimierter Umsetzung neuer Ideen geworden ist, welche die sukzessive
Aufhebung von Kasten, Klassen und Nationalitätengrenzen in Aussicht stellt
(Tarde 1969:190), mag die Anziehungskraft des Imitations-Suggestions-Para-
digmas auf nahezu die gesamte damalige amerikanische Soziologie (Leys
1993:279) – einschließlich etwa Baldwins, Cooleys, Royce', Thomas, Deweys
und Meads selbst – zusätzlich erklären. Sie widersprach jedoch mit ihrer eingeschränkten Vorstellung von Nachahmung (Mimesis) im Kern dem indiv-
dualistischen Impetus Meads und anderer Pragmatisten, und sicherlich auch
der Erfahrung der – eben nicht einfach zu vereinheitlichenden – ethnischen
Pluralität der Einwandererstadt Chicago, deren soziale Problematik eben in
der Verschiedenheit der Sprachen und Habitus bestand (vgl. Veith 2000,
Kap. 6.1). In unserem Zusammenhang ist von besonderem Interesse, daß nach
Tardes Vorstellung Imitation der Sprache logisch vorgeordnet ist:

> „The invention of language wonderfully facilitated, but did not originate, the inocula-
> tion of ideas and desires of one mind by another and consequently the progress of imitation
> *ab interioribus ad exteriora*. For had not this progress already existed, the birth of lan-
> guage would be inconceivable. It is not difficult to understand how the first inventor of
> speech set to associating in his own mind a given thought and a given sound (perfected by
> gesture), but it is difficult to understand how he was able to *suggest* this relation to another
> by merely making him hear the given sound. If the listener merely repeated this sound like
> a parrot, without attaching it to the required meaning, it is impossible to see how this su-
> perficial and mechanical *re-echoing* could have led him to understand the meaning of the
> strange speaker or carried him over from the *sound* to the *word. It must then be admitted
> that the sense was transmitted with the sound*, that it reflected the sound. And whoever is
> acquainted with the feats of hypnotism [and] with the miracles of suggestion, that have
> been popularised to so great an extent of late, should certainly not be reluctant to admit this
> postulate." (Tarde 1969:186; letzte Herv. von mir, B. J.)

Grundlage der Nachahmung sind also für Tarde präverbale, suggestiv ge-
steuerte (ergo unbewußte) Angleichungsprozesse, auf deren konkreten Inhalten nicht nur das soziale Leben, sondern insbesondere auch die Sprache basiert. Es kann daher nicht verwundern, daß Mead eben diesen Gedanken ve-

hement angreift[54] und versucht, den dessen antiindividualistischen Impetus durch eine strikt antimimetische Sprachentstehungstheorie zu umgehen.

Nach Leys' Ansicht (1993:292) verschafft Mead mit diesem antimimetischen Ansatz jedoch dem kartesianischen Subjekt, das gerade überwunden werden sollte, auf verdeckte Weise Eingang in seine Theorie. „For the question must be posed: Where do the internal representations in which imitation is based come from?" Im Rahmen der Selektionshypothese ist Mead gezwungen davon auszugehen, daß das Gemeinsame (welches durch den Selektionsprozeß lediglich verstärkt und herausgefiltert wird) ein phylogenetisch Geteiltes ist. Das aber bedeutet, daß die Haltung des anderen in Wahrheit bereits die eigene ist (weil sonst kein erstes Gemeinsames in der sozialen Interaktion bestünde): „It's as if the other is built into the self from the start [...]" (ebd., S. 294) – die Andersheit des Anderen wird dadurch fraglich, der Andere gleichsam ,präassimiliert'.[55]

3.2.3 Das unverkürzte Mimesiskonzept

Leys' Kritik an Mead stößt dort an ihre Grenzen, wo sie mit Mead einen – offensichtlich nach platonischem Vorbild auf bloße Nachahmung eines Vorgegebenen[56] eingeschränkten – Mimesisbegriff teilt, welcher das schöpferische Moment mimetischer Prozesse ausblendet. Der so aufrechterhaltene *Schein* eines diametralen Gegensatzes zwischen Mimesis und Individualität verhindert die längst überfällige Konfrontation der Meadschen Theorie mit den bekannten und vielfach nachgewiesenen (s. u.) frühkindlichen Prozessen schöpferischer Nachahmung.

Leys', Tardes und Meads Vorstellung von Mimesis orientieren sich an den im 19. Jahrhundert gemachten Erfahrungen mit hypnotischen Zuständen. Diese aber spiegeln eher den autoritären Charakter dieser Zeit wider als die Natur

---

[54] Vgl. v. a. GIG, Kapitel 8, S. 90 ff. mit explizitem Bezug auf Tarde.

[55] Leys übersieht allerdings den nicht unwesentlichen Umstand, daß das *self* zu diesem Zeitpunkt der Entwicklung noch gar nicht entstanden ist – es wandert also kein cartesianisches Subjekt in die Theorie ein, sondern allenfalls eine biologistische Transformation desselben (s. o.), die zu hinterfragen wäre. Tatsächlich haben wir es, soweit es Mead betrifft, auf dieser Entwicklungsstufe noch gar nicht mit dem Anderen als ,ontischer Entität' zu tun – die Erkenntnis eines Anderen in seiner Andersheit stellte, falls sie überhaupt im strengen Sinne möglich ist, kognitive und moralische Anforderungen von einer Komplexität, wie wir sie wohl kaum bei einem Individuum ,from the start' antreffen dürften – sondern vielmehr mit der in der sozialen Interaktion lokalisierten *objektiven* Strukturen, Strukturen des *Allgemeinen*, um deren Internalisierungsmöglichkeiten und Internalisierungsmechanismen es Mead zunächst geht.

[56] Begriffshistorisch „erlangt Mimesis die Bedeutung von ,nachstreben', ,nacheifern'" erst im dritten Buch der *Politeia* (Wulf 1989a:89); zum platonischen Mimesisbegriff als Nachahmung von Ideen s. Gebauer/Wulf 1992:50 ff.

menschlicher Nachahmungsprozesse – die erhöhte Suggestibilität der Hypnotisierten mag eine besonders geeignete Projektionsfläche wissenschaftlicher Kontrollphantasien abgegeben haben.[57] Darüber hinaus aber ist das weithin verkürzte Verständnis mimetischer Prozesse weder begriffshistorisch noch in der Sache gerechtfertigt (vgl. v. a. Gebauer/Wulf 1992).

„In der mimetischen Aneignung von Vorgegebenem gestaltet die Einbildungskraft des Rezipienten den Nachahmungsprozeß mit, so daß im Nachahmenden das Vorgegebene eine neue Qualität gewinnt. Mimesis schließt den nachgeahmten Gegenstand, den Prozeß der Nachahmung und den Nachahmenden zusammen, wobei im nachgeahmten Gegenstand die Strukturen schon angelegt sind, die die Richtung des mimetischen Prozesses im Nachahmenden steuern. [...] Hier ist ein offener, lediglich situativ eingeschränkter Horizont von Sinnmöglichkeiten gegeben. Mimesis ist also nicht in dem Sinne rückwärts gewandt, daß sie nur auf die Nachahmung eines Gegebenen zielt. Sie richtet sich auch nach vorn." (Wulf 1989a:74)

Mimesis ist also wesentlich „eigenständige Nachgestaltung, und sie führt zu einem Amalgam von Übereinstimmung und Veränderung, von Gleichheit und Differenz" (Wulf 1996:209); bloße Imitation ist insofern „nur ein Sonderfall von Mimesis" (Gebauer/Wulf 1992:433). Die durch mimetische Nachahmung hergestellte Gleichheit bietet eine – *relative, immer ein wenig verschobene* – Identität der Reaktionen, die zu Bedeutungen signifikanter Symbole werden können.[58] Spracherwerb in diesem Sinne impliziert nicht bloße Prägung oder Impfung eines Individuums mit sozial geteilten Inhalten (auf der Basis präexistenter Gemeinsamkeiten, vgl. Leys' Vorwurf des impliziten kartesianismus), sondern eine Selbst-Ausweitung, „Einverleibung des Wahrgenommenen als eine Ausweitung des sich mimetisch Verhaltenden auf die Körpergesten des anderen hin" (Wulf 1998:249), die, ganz im Sinne Meads, überhaupt erst das Selbst konstituiert.

Mead hätte demnach im Sinne der Argumentation Leys' keinen außertheoretischen Grund gehabt, das erweiterte Mimesisverständnis aus seinen Überlegungen zur Entstehung des signifikanten Symbols auszuschließen – da die-

---

[57] Im Gegensatz zu den Erfahrungen des 19. Jahrhunderts zeigt übrigens die moderne psychotherapeutische Hypnotherapie, daß es keineswegs in der Natur hypnotischer Zustände liegt, den Hypnotisierten in einen willenlosen Empfänger von Anweisungen zu transformieren, welcher nur noch eine Kopie der Absichten des Hypnotiseurs ist, eine „quasi-photographic reproduction of a cerebral image upon the sensitive plate of another brain" (Tarde 1903, Seite xiv, zitiert nach Leys 1993:279). Im Gegenteil sind hypnotische Zustände offenbar von hoher Kreativität und Individualität gekennzeichnet (vgl. z. B. Erickson/Rossi 1991), woraus folgt, daß die hypnotischen Effekte, welche im 19. Jahrhundert beobachtet wurden, wohl v. a. der Art und Weise hypnotischer Behandlungen (Befehle, Anweisungen) zuzuschreiben sind.

[58] Eben diese Verschiebung, das Moment des Unberechenbaren, Neuen, Kreativen werden wir bei der strukturellen Betrachtung der Identitätstheorie Meads in den Begriffen des „I" und der „Emergenz" repräsentiert finden.

ses ja gerade die unhintergehbare Eigenheit des Individuums, bei aller sozialisatorischen Prägung, hervorhebt. Die Berücksichtigung von Mimesis verändert die Interpretation der Meadschen Theorie zur Identitätsgenese wesentlich, insofern nun instinktive und soziale Prozesse in einem Vermittlungsmodell zusammengebracht werden können, das in grober Schematisierung wie folgt lauten könnte: die Basis gemeinsam geteilter Bedeutungen liegt zum Teil in instinktiv verankerten Reaktionen, die jedoch schon durch früheste soziale Mimesis erweitert und modifiziert werden. Die so erzeugten Gemeinsamkeiten stellen das grundlegende kommunikative und handlungsmäßige Elementarmaterial bereit, welches das Kleinkind u. a. in die Lage versetzt, komplexere mimetische bzw. Fähigkeiten, die ja auch Mead als humanes Spezifikum anerkennt,[59] zu entwickeln.[60]

Diese konstruktiv-kritische Erweiterung der Meadschen Theorie beseitigt nicht nur die Widersprüche der Meadschen Begründung des signifikanten Symbols, sondern erlaubt darüber hinaus die Anbindung Meads an modernere Positionen. Zunächst läßt sich das obige Vermittlungsmodell im Rahmen der Spracherwerbstheorie Piagets differenzieren. Diese beschreibt im Rahmen der allgemeinen epigenetischen Theorie der Intelligenzentwicklung, daß das Auftreten der semiotischen Funktion beim Kind sowohl auf biologischen Voraussetzungen (Erweiterungen von Reflexschemata bis hin zur kognitiven Ausdifferenzierung von Zweck-Mittel-Relationen; auf derselben Entwicklungsbasis Konstruktion der Wirklichkeit durch Erwerb der Objektpermanenz sowie kognitiver Repräsentationen von Raum, Zeit und Kausalitätsbeziehungen; vgl. Piaget/Inhelder 1986/1966:15 ff.), dann aber vor allem auf *aufgeschobener Nachahmung* beruht (ebd., S. 62 ff.).

Da die Nachahmung *aufgeschoben* stattfindet und nicht als unmittelbares Antwortverhalten auftritt, wird zugleich Meads Kritik des ‚mechanischen' Charakters von Nachahmung (GIG:97 ff.) entkräftet, da ja nicht *innerhalb*, sondern außerhalb der sozialen Situation nachgeahmt wird – gleichsam in einer Vorform des (Rollen-) Spiels.[61] – An dieser Stelle liegt ohnehin ein offe-

---

[59] „Nachahmung scheint dem Menschen vorbehalten zu sein [...]." (GIG:99)

[60] Das ist in dem Sinne gemeint, in dem Mead als Voraussetzung der Nachahmung angibt, daß „in einem Individuum bereits eine Handlung angelegt ist, die der eines anderen Individuums gleicht" (GIG:107). Meads Selektionshypothese kann in unserem Zusammenhang insofern aufrechterhalten werden, als mimetische Nachahmung durchaus *auch* in einen ‚Trial & Error'-Prozeß eingebunden sein könnte.

[61] Piagets Konzeption muß allerdings im Hinblick auf Prozesse sozialer Mimesis neu betrachtet werden, da auch bei ihm, wie bei den meisten Autoren, der Aspekt der Kreativität und Neuheit des subjektiven Verhaltens keine ausreichende theoretische Würdigung findet; s. die Kritik von Gebauer/Wulf 1998:25 ff.

ner Widerspruch bei Mead: die Sprachentstehung wird als interaktiv-selektiver Mechanismus analysiert, in einem strengen Rahmenmodell von direkter Ego-Alter-Interaktion, während der soziale Freiraum *außerhalb* der konkreten Interaktion schon in der nächsten Phase des solitären Rollenspiels (*play*) der wesentliche Ort theoretischer Betrachtung ist. Auf diese Weise kann Mead Nachahmung als zentrales Moment sozialen Verhaltens ad absurdum führen – es ist einigermaßen trivial, daß eine bestimmte Lautgeste in der (kooperativen) sozialen Interaktion i. d. R. kein Nachahmungsverhalten auslöst: weder antwortet die Mutter auf das Schreien des Säuglings mit denselben Lauten, noch löst der Angriff des einen Boxers, um Meads Beispiel zu verwenden, denselben Angriff beim anderen aus (sondern eine Verteidigungsreaktion). Analog könnte man jedoch auch Meads Vorstellung des *play* mit dem Argument zurückweisen, das größere Kind zeige kein Nachahmungsverhalten, weil es beispielsweise sinnlos wäre, dem Lehrer mit nachgeahmtem Lehrerverhalten zu begegnen. Nachahmung hat ihren Ort jedoch i. a. dort, wo ein Freiraum besteht, so daß die *spielerisch* nachgeahmten Gesten nicht die oft komplementären Interaktionsbeiträge konkreter sozialer Situationen verdrängen, wodurch die Interaktion gestört würde (die Tendenz zur Verzögerung der Nachahmung ist bereits bei Säuglingen zu finden, s. u. S. 71).

Meads *grundsätzliche* Zurückweisung frühkindlicher mimetischer Prozesse, so folgere ich aus dem Vorgetragenen, ist bei genauerer Betrachtung *nicht* eine notwendige Folge seiner Theorie.

3.2.4 ‚The earliest sense of self and others'

Es sind jedoch, über Meads radikaldemokratischen (insofern auch ideologischen) Impetus hinaus, Gründe denkbar, die für Mead die Existenz früher mimetischer Prozesse unwahrscheinlich machten. Mimesis ist abhängig von wie auch immer gearteten Mechanismen der Fremd- und Selbstwahrnehmung. Aus diesem Grund war Mead der Ansicht, daß Nachahmung dem Menschen „nur dort, wo er eine unabhängige bewußte Existenz erreicht hat" (GIG:99), möglich sei. Die Bewußtheit dieser Existenz verortet Mead in der Fähigkeit, sich mittels einer bedeutungsvollen vokalen Geste selbst zu affizieren: „Beim irritierenden Gesichtsausdruck aber löst der Reiz keinen Ausdruck im Individuum selbst aus, sondern nur bei den anderen. Weit eher fängt und kontrolliert man sich in der vokalen Geste als im Minenspiel. [...] Die vokale Geste gibt uns die Fähigkeit, auf die eigenen Reize so zu reagieren, wie andere es tun" (ebd., S. 105). Kurz: erst mit der Sprachfähigkeit, sei der Mensch in der Lage, *derartige* Selbstwahrnehmungen zu haben, die eine Selbststeuerung ermöglichen und zugleich mit sozial konstituierten Invarianten (die Bedeutungen der signifikanten Symbole) operieren. Noch lange Zeit nach Mead war man der Meinung, daß Kinder insbesondere im ersten Lebensjahr derartige

Wahrnehmungs- und Steuerungsleistungen nicht erbringen können; daß sie in einer egozentrischen, weitgehend nichtsozialen Welt leben (Mahler/Pine/Bergmann 1980/1975)[62], in welchem Fall, wie man Mead beipflichten muß, es sich schwer erklären ließe, wie sich das Kind sozial erzeugter Bedeutungsgehalte bemächtigen sollte.

Im Lichte der Ergebnisse der neueren Säuglingsforschungen zeigt sich jedoch, daß die Grundannahme des sozial allenfalls diffus existierenden Säuglings vehement zurückgewiesen werden muß. Daniel Stern hat, gestützt auf eine Fülle empirischer Untersuchungen, gezeigt, daß Säuglinge schon mit ca. 2 Monaten eine Vorstellung von sich und anderen ('Kern-Selbst', 'Kern-Anderer') besitzen, die sich durch die Erfahrung verschiedener Invarianten (propriozeptive Wahrnehmung der Urheberschaft eigener Handlungen, räumliche und zeitliche Kohärenzerfahrungen, Erfahrung weitgehend invarianter Affektqualitäten) bilden (Stern 1996, Kap. 4).

Dabei spielen die wiederholte Erfahrung ähnlicher sozialer Situationen, die bei Betreuungspersonen „überdeutlich ausgeprägten Verhaltensweisen in Form eines Themas mit Variationen" (ebd., S. 109), eine wesentliche Rolle. Invariante (bzw. nur leicht variierende) soziale Interaktionsprozesse bilden aggregierte Erfahrungsmodelle (RIGs: „Representations of Interactions that have been Generalized", ebd. S. 143), die (mangels verbalen Bewußtseins nichtbewußte) 'Vorstellungen' sozialer Sachverhalte darstellen, welche sich etwa in jeweils situationstypischen Erwartungshaltungen des Kindes manifestieren und derart belegen lassen (ebd., S 138 ff.). Mittels der RIGs

„werden die verschiedenen Invarianten des Selbsterlebens integriert: das Selbst, das handelt, das Selbst, das fühlt, und das Selbst, das den eigenen Körper und dessen Handlungen auf seine ihm eigene Weise wahrnimmt. [...] Ähnlich werden die Mutter, die mit dem Kind spielt, diejenige, die es tröstet, sowie die 'Mütter', die das Kind wahrnimmt, wenn es zufrieden oder unglücklich ist, aus all dem herausgefunden und erkannt. Es bilden sich 'Inseln der Konsistenz', die zusammenwachsen", so daß „viele verschiedenartige Attribute viele verschiedenartige Wechselbeziehungen eingehen und zusammen ein wachsendes und sich integrierendes Netzwerk organisierter Selbsterfahrung ergeben." (ebd., S. 144 f.)

Auch bei Stern sind, wie bei Mead, Selbst-Genese und intersubjektiv geteilte Erfahrungen untrennbar miteinander verbunden. So bilden sich nicht nur ein Kern-Selbst und Kern-Anderer heraus, sondern *zugleich* wird auch eine gemeinsame Erfahrungsbasis geschaffen, die die Grundlage intersubjektiv geteilter Bedeutungen liefert:

---

[62] Diese Autoren gingen beispielsweise davon aus, daß sich mit 4-5 Monaten ein erstes Körperschema entwickelt und erst mit ca. 3 Jahren ein abgegrenztes Selbst entsteht (Mahler/Pine/Bergmann 1980:72 bzw. 142).

„Diese generalisierte Erinnerung ist eine *individuell gebildete,* persönliche Erwartung im Hinblick darauf, wie sich die Dinge – von einem Augenblick zum anderen – vermutlich entwickeln werden. Die generalisierte Brust-Milch-Episode ist nun an sich keine spezifische Erinnerung mehr; sie ist eine Abstraktion, die aus zahlreichen spezifischen, allesamt wenig unterschiedlichen Erinnerungen eine einzige allgemeine Erinnerungsstruktur bildet – sozusagen die zum Prototyp erhobene, durchschnittliche Erfahrung." (ebd., S. 140, Herv. von mir, B. J.)

Diese verallgemeinerte Erfahrung „wird nun zu einem potentiellen Bestandteil des semantischen Gedächtnisses" (ebd.); sie ist ein intersubjektiv geteiltes (weil intersubjektiv entstandenes), wenn auch perspektivengebunden verschieden wahrgenommenes, Allgemeines, das prinzipiell mit einem signifikanten Symbol belegt werden und von diesem evoziert werden kann. Dabei betont Stern wie gesehen die Individualität dieses Vorgangs, den wir mit Mead durchaus als internalisierte ‚Haltungsübernahme' kennzeichnen können: wenn der Säugling ein RIG bildet, formt er die Handlungen alters nach, und zwar nicht als bloße Kopie, sondern als *eigenständig* konstruierten Prototyp der Handlungen des Anderen. Freilich hat dieses Kern-Selbst nicht Form und Status des Meadschen ‚self' (wie es weiter unten expliziert wird); es ist nicht bewußt und operiert (noch) nicht mit abstrakten, von der Erfahrungsbasis vollkommen ablösbaren Symbolen – gegenüber der vergleichsweise ‚digitalen' Struktur der Sprache und der durch sie gebildeten Identität (‚*self*' bei Mead) handelt es sich bei den RIGs und beim Kern-Selbst um analoge, nicht in reine Information auflösbare, körpergebundene Strukturen.

Nach Stern findet die Selbst-Genese des Säuglings v. a. ab dem 2. Lebensmonat (ebd., S. 104) statt, während in den ersten beiden Lebensmonaten bloß erste Teilstrukturen erscheinen (‚auftauchendes Selbst'). Jedoch zitiert auch Stern Untersuchungen, die beispielsweise belegen, „daß zwei bis drei Tage alte Säuglinge Lächeln, Stirnrunzeln und Überraschung im Gesichtsausdruck eines lebendigen Interaktionspartners unterscheiden *und imitieren* können" (ebd. S. 97; Herv. von mir, B. J.). Shaun Gallagher und Andrew N. Meltzoff (1996) berichten, daß die Imitationsfähigkeit sich nicht nur auf die seit Darwin (1872) bekannten ‚Basisaffekte' bezieht,[63] sondern auf so verschiedene Handlungen wie das Vorstrecken der Zunge, Zur-Seite-Strecken der Zunge, Öffnen des Mundes, Vorstrecken der Lippen, Kopfbewegungen,

---

[63] Dornes 1995:21: „Für sieben bis acht sogenannte Primär- oder Basisaffekte wurde ein spezifisches Gesichtsausdrucksmuster entdeckt, das in allen Kulturen gleich ist. Es gibt jeweils typische Gesichtsausdrücke für Interesse/Neugier, Überraschung, Ekel, Freude, Ärger, Traurigkeit, Furcht und Schuld. Die meisten davon existieren schon beim Säugling. Sie müssen nicht gelernt werden, sondern sind Bestandteil der normalen Verhaltensausstattung eines jeden Mitglieds der Spezies".

Fingerbewegungen, etc. Wie aber läßt sich diese mimetische Aktivität erklären, wenn eine einfache Selbst-Anderer-Struktur ‚erst' ab dem 2. Lebensmonat anzunehmen ist? Reflexartige Mechanismen sind als Erklärung auszuschließen, denn sie sind an hochspezifische Auslöser gebunden – und es kann außerdem keinen Auslösemechanismus für ‚Imitation im allgemeinen' geben (Gallagher/Meltzoff 1996:222). Um diese Imitationshandlungen erklären zu können, treffen Gallagher/Meltzoff die (empirisch abgesicherte)[64] Unterscheidung zwischen Körperschema (‚body schema') und Körperbild (‚body image'). Während der Begriff des Körperbildes sich auf Wahrnehmungsprozesse – Wahrnehmungen, mentale Repräsentationen, Vermutungen (‚beliefs') und Einstellungen (‚attitudes') – bezüglich des eigenen Körpers richtet, bezieht sich der Begriff des Körperschemas auf motorische Fähigkeiten (‚capacities', ‚abilities') und Gewohnheiten, die Bewegungen und das Beibehalten von Körperhaltungen ermöglichen. „So the difference between body image and body schema is like the difference between a perception (or analysis or monitoring) of movement and the actual accomplishment of movement" (ebd. S. 215). Das Körperschema ist ein System motorischer Funktionen, welches i. a. unterhalb der Ebene selbstbezüglicher Intentionalität funktioniert (auch wenn es Teil intentionaler Aktivitäten werden kann); „it involves a set of tacit performances, preconscious, subpersonal processes that play a dynamic role in governing posture and movement" (ebd. S. 216).

Wenn man davon ausgeht, daß Imitationsprozesse ein Körperschema voraussetzen, muß man angesichts der experimentellen Ergebnisse bei Neugeborenen annehmen, daß sie sowohl über ein angeborenes einfaches Körperschema verfügen als auch über ein einfaches Körperbild,

> „a proprioceptive awareness, e.g. of ist face, that can be represented and matched to a remembered visual input. In contrast to normal adult motility, the infant faced with novel motor and gestural activities uses the proprioceptive experience of ist own unseen movements to copy what it sees in the face of the adult and [...] to monitor, correct, and improve imitative performance. Conclusions like these are entailed by the experimental data which show, not just that infants imitate, but that they correct their imitations, that they are able to imitate novel gestures (tongue protrusion to the side), and that they can imitate from memory" (ebd., S. 223).

Wenn diese Leistungen möglich sein sollen, muß der Säugling über ein ‚supramodales' Wahrnehmungssystem verfügen, in dem visuelle Wahrnehmungen und propriozeptive Wahrnehmungen miteinander verbunden sind. Gallagher/Meltzoff schlagen als Erklärung ein Modell vor, das zwischen propriozeptiver Information (PI) und propriozeptiver Aufmerksamkeit (‚aware-

---

[64] Vgl. die Beispiele für pathologische Dissoziationen von Körper-Bild und Körper-Schema; Gallagher/Meltzoff 1996:215 f.

ness', PA) unterscheidet. Die visuelle Information wird zunächst in propriozeptive Aufmerksamkeit bezüglich der eigenen relevanten Körperteile übersetzt; sodann erlaubt PI, diese Körperteile so zu bewegen, daß diese mit der PA übereinstimmt. „In effect, this supramodal *intra*-corporeal communication is the basis for an *inter*-corporeal communication and has profound implications for the child's relation to others" (ebd. S. 224). Der Begriff der propriozeptiven Aufmerksamkeit erinnert übrigens an Meads Vorstellung von den physiologischen Aspekten der mentalen Repräsentation sozialer Objekte; PA wäre demnach ein mögliches physiologisch-funktionales Modell der Haltungsübernahme i. S. Meads (GIG:108 und 110).

Gallagher/Meltzoffs Erklärung der Nachahmungshandlungen Neugeborener hat weitreichende Konsequenzen hinsichtlich der Bewertung der Sozialität des Säuglings, denn wie das oben wiedergegebene Modell zeigt, besteht eine *unmittelbare* Verbindung zu anderen von Geburt an;

„from early infancy, then, the visual experience of the other person communicates in a code that is related to the self. This communication is organized on the basis of an innate system that does not necessarily give priority to body experience over and against the experience of the other. Thus there is a coupling between self and other, and this coupling does not involve a confused experience. [...] The body schema, working systematically with proprioceptive awareness, operates as a proprioceptive self that is *always already* ‚coupled' with the other. What Husserl [...] calls ‚intentional transgression' is operative from the very beginning. [...] In contrast, the conception of an already-accomplished, innate, supramodal visual motor/proprioceptive link suggests that the transgression is immediate and that *experientially*, and not just objectively, we are born into a world of others." (Gallagher/Meltzoff 1996:225 f)

Es ist unschwer denkbar, daß dieser „earliest sense [...] of self and others" (ebd. S. 229) neben den in der allerersten Zeit so wichtigen Reflexhandlungen, wie etwa den erwähnten, offenbar angeborenen, mimischen Gefühlsausdrücken, das grundlegende Basismaterial für intersubjektive Verständigung (in extenso also auch für Sprache) per Mimesis in die frühkindliche Lebenswelt einbringt. Meads Theorie muß, wie ich hoffe gezeigt zu haben, in diesem Sinne, der letztlich auch seinen eigenen Intentionen nicht widerspricht, korrigiert werden. Die Genese eines (Kern-)Selbst bzw. ‚propriozeptiven Selbst' ist, wie die vorgestellten Theorien vielleicht noch viel eindrücklicher belegen, als es Mead möglich war, nicht von der Sozialität dieses Selbst, von seiner Beziehung zu anderen, zu trennen. Die Rolle der Sprache, der allein Mead aufgrund des Wissensstandes seiner Zeit die Funktion der Sozialität und Entäußerung zuschrieb, relativiert sich im Zuge dieser Korrektur, und behält doch zugleich ihren eigenständigen Charakter bei. Sprache bleibt im Sinne Meads verantwortlich für die Möglichkeit des *Bewußtseins*, insofern dieses auf intersubjektive geteilte, sprachlich enkodierte Bedeutungen angewiesen ist. Allein, Selbstbewußtsein ist nicht die einzige Form der Selbstbeziehung, und schon gar keine und schon gar keine vorgängige. Der Sprachentwicklung gehen vielfältige soziale, das Selbst konstituierende Prozesse voran, welche die elementaren Bedeutungen, auf der signifikante Symbole aufbauen können, durch mimetische Verhaltensweisen bereitstellen. Die vorgeschlagene Revision bringt Meads Sprachentstehungstheorie überdies mit seinen Theorien über die späteren Identitätsentwicklungsstadien in bessere Übereinstimmung (Ding- und Körperkonstitution sowie Entstehung des ‚me' im Rollenspiel), welche ebenfalls von verinnerlichten mimetischen Prozessen ausgehen bzw. sich als solche verstehen lassen.[65]

Immer noch ist die Frage der Möglichkeit signifikanter Symbole ungeklärt: woher kommt die Allgemeinheit des Symbols, die Gewißheit des Individuums bei seiner Verwendung? Ich möchte die Lösung dieser komplexen Problematik nicht vollends schuldig bleiben und skizziere daher, bevor ich mit der Darstellung fortfahre, im folgenden Abschnitt eine Spracherwerbstheorie, welche m. E. die inakzeptable Meadsche Version kongenial ersetzt.

3.2.5 Körpergewißheit und Bedeutung

Die Idee der pragmatistischen Semiotik, nach welcher die Bedeutung eines Wortes nichts anderes ist als das, „was man selbst im Zusammenhang damit zu tun gedenkt" (GIG:88) – mit anderen Worten: „die Art seiner Verwendung"[66] –, erfuhr ihre wohl avancierteste Ausprägung in der Sprachphilosophie des späteren Wittgenstein. Ähnlich der hier behandelten Frage nach der Möglichkeit des intersubjektiven Erwerbs signifikanter Symbole stellte sich Wittgenstein die Frage nach der Gewißheit des Sprechers – wie kann er sich der Bedeutung seiner Worte im Sprachspiel sicher sein? –; d. h. in unserem Kontext: wie kann er wissen, daß seine Worte eine gemeinsam geteilte, relativ identische Bedeutung – einen Sinn – haben? Ich habe zuvor mit Mead aufgezeigt, daß Sozialität, Körperlichkeit, Handgebrauch und Sprache in einem engen und komplexen Zusammenhang stehen. Eben diese Konstellation findet sich wieder in Gunter Gebauers (1998) Interpretation der Wittgensteinschen Gewißheitsfrage.

---

[65] Ich möchte hervorheben, daß hier der Begriff ‚Selbst' gegenüber dem historisch erarbeiteten Idealtypus eine Erweiterung erfährt; außerdem können wir nun von der romantischen Vorstellung abrücken, das Selbst sei seiner Natur nach notwendig nicht-sozial. Ich werde am Schluß dieser Arbeit noch einmal das Verhältnis von Identität und Selbst diskutieren.

[66] Wittgenstein, *Über Gewißheit*, §61; vgl. auch ders., *Philosophische Untersuchungen*, §§ 2 ff.

Ausgangspunkt der Fragestellung ist Wittgensteins Abkehr vom (seit Descartes etablierten) Zweifel als Grund des (philosophischen) Denkens. „Sowohl Wissen als auch Zweifeln ist an bestimmte Voraussetzungen gebunden. Daß man etwas wissen oder bezweifeln kann, ist nur innerhalb eines Sprachspiels möglich".[67] Die Frage nach der Gewißheit stellt sich also als Frage nach dem Grund der Sprachspiele. Sprachspiele funktionieren durch ihre Regelhaftigkeit (ohne daß eine explizite Regel explizit bekannt wäre). Für uns lautet daher die wesentliche Frage: Wie wird die grundlegende Regularität der ersten Sprachspiele erzeugt?

Wer im Rahmen eines Sprachspiels Bedeutungen lernen kann, muß bereits vorher „in anderm Sinne schon ein Spiel beherrscht" haben (Wittgenstein, *Philosophische Untersuchungen*, § 31), denn sonst existierte für ihn kein Hinweis, welcher Vorgang mit einem Wort belegt werden soll. Die ersten Regularitäten entspringen (wie entwicklungspsychologisch belegt werden kann) den Greifschemata der Hand: „Die regelhafte Verwendung der Hand gibt dem Handeln und Wahrnehmen grundlegende Formen. [...] Aus ihr werden erste Sprachspiele und eine strukturierte Umwelt erzeugt".[68] Die regelhafte soziale Interaktion (hier: ‚Spiel') erschafft einen präsemiotischen Grund von Sprachspielen und Wortbedeutungen.[69] Wie oben mit Gallagher/Meltzoff (1996) aufgezeigt wurde, liegt die Fähigkeit zu derartiger Sozialität im Körper und dessen proprioceptiver (sowie ‚soziozeptiver') Ausstattung.

Unsere grundlegenden Gewißheiten gründen also in der Materialität und von Anfang an bestehenden Sozialität des Körpers, im sozialen Handeln: „Die Begründung aber, die Rechtfertigung der Evidenz kommt zu einem Ende; – das Ende aber ist nicht, daß uns gewisse Sätze unmittelbar als wahr einleuchten, also eine Art *Sehen* unsererseits, sondern unser *Handeln*, welches am Grunde des Sprachspiels liegt" (Wittgenstein, *Über Gewißheit*, § 204). Es entspricht ganz der Meadschen Ansicht von der Bedeutung der menschlichen Hand und ihren die Welt des Individuums strukturierenden Eigenschaften, wenn man die sprachliche Benennung von Objekten als „*symbolisches* Greifen und Einverleiben" (Gebauer 1998:272) betrachtet, dessen körperlich-mimetisches Moment jedoch in der späteren Ontogenese (sowie in der europäischen Geistesgeschichte seit Descartes)[70] in Vergessenheit gerät.

---

[67] Gebauer 1998:254; vgl. Wittgenstein, *Über Gewißheit*, §24
[68] Gebauer 1998:261; vgl. v. a. auch Piaget/Inhelder, *Die Psychologie des Kindes*, S. 20-29
[69] Vgl. die oben erwähnten ‚RIGs', S. 70
[70] Was im 2. Kapitel als „Desengagement" angetroffen wurde, findet sich hier offenbar, bezogen auf Sprache und Denken, wieder.

Es wäre unangemessen, die in diesem kritischen Exkurs zusammengetragenen Ansichten über die Entstehung von Sprache, Selbst und Identität dem zeitgeschichtlichen Horizont Meads abzufordern. Sein selektionistischer, antimimetischer Ansatz hat nur wenig mit avancierteren entwicklungspsychologischen und sprachtheoretischen Vorstellungen zu tun. Jedoch ist es gerade eine besondere Stärke des Meadschen Denkens, eine große Offenheit gegenüber derartigen Konjekturen aufzuweisen und sich noch in der Kritik zu entfalten. Ich möchte indes im Fortgang wieder Meads eigenen Ausführungen folgen, da sie – auch ohne die Substitution einiger antiquierter Ansichten – ein beachtliches Potential beinhalten. Die in diesem Teilkapitel vorgetragenen Punkte werden daher erst in der Schlußdiskussion wieder aufgenommen.

3.3 ‚Me': die Einverleibung objektiver Sinnstrukturen im Rollenspiel

Voraussetzung der Ausbildung erster Identitätsfragmente ist die Fähigkeit des Individuums, „mit anderen Personen durch Symbole in Verbindung treten" (GIG:191), d. h., objektiv-gesellschaftlich vorhandene Sinnbezüge qua Symbolverwendung bewußt und kommunizierbar zu machen. Die Bedeutungen signifikanter Symbole bestehen aus den (internalisierten) Reaktionen anderer im sozialen Handlungszusammenhang.[71]

„Haltungen, die unter gegebenen Bedingungen und gegenüber demselben Objekt alle einnehmen, werden für das Kind zu Haltungen, die jeder einnimmt. Wenn es eine Rolle übernimmt, die allen gemeinsam ist, spricht das Kind plötzlich zu sich selbst und zu anderen mit der Autorität der Gruppe. Solche Haltungen werden zu Axiomen. Die Generalisierung ergibt sich einfach daraus, daß die Reaktionen aller jeweils identisch sind." (Mead 1922, GA1:295)

In Verbindung mit der Eigenschaft der Lautgebärde, den Sprecher selbst (akustisch) zu affizieren, impliziert der Erwerb signifikanter Symbole das Entstehen von Bewußtsein als Fähigkeit, sich selbst gegenüber die Bedeutungen signifikanter Symbole zu vergegenwärtigen – d. h., über Symbole vermittelt, erfahren wir reflexiv etwas über unsere Handlungen.

---

[71] Krappmann (1985:171) weist darauf hin, daß dieser Mechanismus nicht mit einer Spiegelung im Sinne des *looking glass-self* Cooleys verwechselt werden darf. „Weder folgt das Individuum den Sinngebungen der Anderen, noch tut es dasselbe wie sie, wenn es auf sich selbst im Handlungszusammenhang aufmerksam wird. Vielmehr sagen ihm die Reaktionen der anderen, was seine Gebärde bedeutet. Dieser Bedeutung wird es selbst gewahr. Daraus folgt die Möglichkeit, verstehbare Beiträge zum gemeinsamen Handlungsprozeß zu leisten. Auf diese Weise beteiligt es sich als Identität an der Interaktion. Es geht also nicht um Spiegelung, sondern um den gegenseitigen Bezug von Handlungen, den kooperierende Individuen im Rahmen eins sozialen Sinnzusammenhangs herstellen."

Da es sich bei den Wortbedeutungen ursprünglich um soziale Verhaltensweisen anderer Gruppenmitglieder handelt, und nun potentiell ein *Bewußtsein* derselben besteht, kann sich das Individuum nicht nur einzelne Wortbedeutungen vergegenwärtigen, sondern es kann sich – da es sich die sozialen Haltungen der anderen angeeignet hat – in den organisierten Haltungen anderer *selbst* ansprechen. Diesen Vorgang der *Rollenübernahme* (GIG:113) praktiziert das Kind mimetisch im Rollenspiel (,play'); dabei löst es in sich selbst die gleichen Reaktionen auf seine spontanen Handlungen aus wie sonst in den sozialen Interaktionspartnern (etwa Eltern oder Lehrer). „So entwickelt sich in ihm und in seiner anderen, antwortenden Identität eine organisierte Struktur. Beide Identitäten pflegen einen Dialog mit Hilfe von Gesten".[72] Genauer betrachtet: das Individuum bringt innerhalb bestimmter Aspekte seiner sozialen Welt (Eltern-, Geschwisterbeziehung etc.) in sich selbst die Reaktionen Anderer *auf sich selbst als soziales Objekt dieser Anderen* hervor. Das somit über den Weg der Entäußerung und Selbst*objektivierung* entstehende Selbstbewußtsein „besteht demnach darin, sich bzw. seine Äußerungen von dem virtuell eingenommenen Standpunkt eines Anderen aus zu sehen" (Geulen 1989:116).

Diese zunächst rollenspezifische Kenntnis, die das Subjekt im Zuge dieser Objektivierung von sich selbst als sozialem Objekt anderer erhält, bildet jeweils ein ,me'. Das ,me' ist folglich eingebettet in soziale, objektive Sinnstrukturen, die das Kind spielerisch einverleibt: Es „spielt zum Beispiel, daß es sich etwas anbietet, und kauft es; es gibt sich selbst einen Brief und trägt ihn fort; es spricht sich selbst an" (GIG:193). Das Kind vollzieht also die sozialen Reaktionen auf seine eigenen Handlungen nach und internalisiert diese Abläufe derart, daß die erworbenen Grundmuster zu Erwartungshaltungen an soziale ,Standardsituationen' werden. Im performativen ,play' baut es eine gespielte, aber sinnhafte soziale Welt auf.[73]

3.4 Die Entstehung des ,self'[74] in sozialer Kooperation

Das ,me' als angeeignete soziale Reaktion auf die eigenen Handlungen „ist sowohl Bewertungsinstanz für die Strukturierung der spontanen Impulse wie

---

[72] GIG:193. ,Beide Identitäten' bezeichnet hier den aktiven Anteil des (weiter unten zu charakterisierenden) ,I' einerseits sowie das ,Me' andererseits.

[73] Vgl. zum performativen Aspekt der Meadschen Sozialphilosophie: Jörissen 2001

[74] Wegen der Homophonie mit dem in dieser Arbeit vielfach anders belegten Begriff ,Selbst' verwende ich den Terminus ,self' hier unübersetzt. Die nichtübersetzte Fassung soll in unserem Kontext die besondere, Meadsche, Bedeutung kennzeichnen. Aus demselben Grund übersetze ich auch nicht die Begriffe ,I' und ,me'.

Element eines entstehenden Selbstbildes. Trete ich mehreren für mich bedeutsamen Bezugspersonen gegenüber, so gewinne ich mehrere unterschiedliche ‚mes'" (Joas 1989:117) – die in den ‚mes' organisierte Identität zerfällt zunächst noch in Teilidentitäten; das Kind „organisiert sein Leben noch nicht auf die von uns gewünschte Weise, nämlich als ein Ganzes" (GIG:194). Der Eintritt in die Phase vollständiger Teilnahme an sozialen Prozessen (*game*-Phase) erfordert daher die Entwicklung kognitiver Fähigkeiten, welche das Individuum in die Lage versetzen, die jeweils als ‚Me' repräsentierten gesellschaftlichen Haltungen zu einem Ganzen, dem ‚*generalisierten Anderen*', zu synthetisieren. Da, wie oben dargelegt, die gesellschaftlichen Haltungen immer als Haltungen gegenüber sozialen Objekten aufzufassen sind, betrifft dieser Vorgang auch die nicht wie bisher auf die Erfahrungen *konkreter* Interaktionen beschränkten Aspekte sozialer Objekte. Während das Kind der *play*-Phase v. a. die Regeln und Normen seiner engeren sozialen Umgebung kennengelernt hat, ist, wie Mead expliziert, die *game*-Phase gerade dadurch gekennzeichnet, daß das Kind den Kreis seiner sozialen Interaktionspartner wesentlich erweitert und Gruppen aufsucht (Vereine, Cliquen etc.), die mit seiner Familie in keiner Verbindung stehen. Die Kooperation innerhalb solcher Gruppen kann aber nur funktionieren, wenn die Umgangsregeln und Gruppenziele vom Individuum hinreichend schnell angeeignet werden können, was eben die kognitive Fähigkeit erfordert, aus relativ wenigen Interaktionen innerhalb der Gruppe *allgemein gültige* Verhaltensregeln abzuleiten.

Durch diesen Vorgang der Perspektivenübernahme erhalten soziale Objekte eine komplexe Struktur[75] und einen *Sinn:*[76]

„Sinn ist das, was anderen aufgezeigt werden kann, während es durch den gleichen Prozeß auch dem aufzeigenden Individuum aufgezeigt wird. Insoweit der Einzelne ihn sich selbst in der Rolle des anderen aufzeigt, macht er sich dessen Perspektive zu eigen, und da er ihn dem anderen aus seiner eigenen Perspektive aufzeigt, das Aufgezeigte also identisch ist, muß es in verschiedenen Perspektiven auftreten können. Es muß somit universal sein,

---

[75] Die räumlichen und zeitlichen Fähigkeiten des zentralen Nervensystems, insbesondere zur *gleichzeitigen* Repräsentation verzögerter Handlungen, die von früheren Reaktionen abhängig sind und (umgekehrt) die Möglichkeit der Beeinflussung früherer Reaktionen durch spätere, die noch nicht offen abgelaufen sind (also durch eine Zielerwartung wie den Ausgang einer Symphonie oder auch durch ein Handlungsziel wie das Unternehmen einer Reise, das frühere Reaktionen - Kofferpacken etc. - organisiert), schaffen die Voraussetzung für das Bestehen komplexer Objekte, also einer objektspezifischen Organisation verschiedener sich gegenseitig beeinflussender Haltungen, die als ein Ganzes das Allgemeine, den ganzen möglichen Sinn eines Objekts, repräsentiert. Ein komplexes Objekt kann so evoziert werden, ohne daß es als eine solche Ganzheit im Reiz gegeben wird – eine Andeutung reicht also aus, den Sinn eines Objekts in der Form komplex interagierender Haltungen zu evozieren (GIG:127).

[76] In *Geist, Identität und Gesellschaft* wird ‚meaning' mit ‚Sinn' übersetzt; andere Übersetzungen bevorzugen den Ausdruck ‚Bedeutung'.

zumindest in der Gleichartigkeit, die zu den verschiedenen Perspektiven gehört, die in der einzelnen Perspektive organisiert sind; und insoweit das Organisationsprinzip andere Perspektiven als die tatsächlich vorhandenen zuläßt, kann die Universalität *logisch* unendlich ausgedehnt werden. [...] Die Universalität im Verhalten erstreckt sich jedoch nur auf die Irrelevanz der Unterschiede zwischen den verschiedenen Perspektiven für die Merkmale, die durch die verwendeten signifikanten Symbole aufgezeigt werden [...]." (GIG:129, Hervorhebung von mir, B. J.)

Dem Vorgang von Rollenübernahme und Herausbildung eines ‚me' analog, kann sich *anhand* des ‚generalized other' und des in diesem Sinne vollständigen sozialen Objekts eine Gesamtidentität, das ‚self', herausbilden, welches selber die Form des sozialen Objekts hat und sich nur als soziales Objekt anderer reflektieren kann: „Wir nehmen die Rolle dessen ein, was man als ‚generalisierten Anderen' bezeichnen könnte. Und indem wir dies tun, erscheinen wir als soziales Objekt, als Ich-Identität [*self*]".[77] Das Bewußtsein der Bedeutungen sozialer Objekte sowie die Selbstobjektivierung in der Form dieser universalen sozialen Objekte erlauben es dem Individuum, seinen Beitrag zur gesellschaftlichen Handlungskoordination zu leisten. Die universalen sozialen Objekte sind gesellschaftliche *Institutionen*, deren systemischer Zusammenhang idealiter ein intersubjektiv bewohntes ‚logisches Universum' (GIG:129) bildet.

3.4.1 Gesellschaftliche Einheit und die Einheit des ‚self'

Die Bildung eines einheitlichen ‚self' mittels Sinn, generalisiertem Anderem und gesellschaftlichen Institutionen erscheint, für sich genommen, als theoretisch relativ unproblematisch, wenn sie auch im Hinblick auf Meads spätere Sozialphilosophie noch wesentlich erweitert werden muß (s. u.). Jedoch geht Mead, wie einer Vorlesungsmitschrift in *Geist, Identität und Gesellschaft* zu entnehmen ist, über diese Konzeption hinaus und bezieht die Bildung des ‚self' nicht nur auf Sinn und Institutionen, sondern auf den gesellschaftlichen Kooperationszusammenhang als Ganzen:

„Die Einheit und Struktur der kompletten Identität spiegelt die Einheit und Struktur des gesellschaftlichen Prozesses als Ganzem. [...] die verschiedenen elementaren Identitäten, die eine vollständige Identität konstituieren oder zu ihr organisiert werden, sind die verschiedenen Aspekte der Struktur dieser vollständigen Identität, die den verschiedenen Aspekten des gesellschaftlichen Prozesses als Ganzen [!] entsprechen. Die Struktur der

---

[77] Mead 1925, GA1:319. Der generalisierte Andere kann also aufgrund zweier kognitiver Fähigkeiten, nämlich Generalisierungsfähigkeit sowie simultaner Perspektivenübernahme, gebildet werden. Die Übersetzung von ‚self' als ‚Ich-Identität' betont übrigens (einseitig) den Aspekt der Geschlossenheit des ‚self' (elementare Identitätskategorie 1) gegenüber seinen qualitativen Eigenschaften (Kategorie 3).

vollständigen Identität ist somit eine Spiegelung des vollständigen gesellschaftlichen Prozesses." (GIG:186)

Diese Formulierungen ziehen begründete Zweifel an der Konsistenz des Meadschen ‚self' nach sich:

„An dieser Stelle stößt jedoch die Meadsche Theorie der Ich-Identität an ihre Grenze. Um die Identität des Subjekts zu sichern, muß Mead auf die Annahme der Einheitlichkeit der Gesellschaft rekurrieren [...]. Bei Mead erscheint Identität in ihrem Moment der Einheit nicht als synthetische Leistung des Subjekts, sondern als Reflex der äußeren Verhältnisse. Identität wäre demnach nur bei Konsistenz auf der gesellschaftlich-strukturellen Ebene möglich." (Geulen 1989:119)

Insofern kann ein einheitliches ‚self' dann nicht entstehen, wenn das Individuum als soziales Objekt von gesellschaftlicher Seite nicht als einheitliches betrachtet wird, sondern verschiedene gesellschaftliche Teilbereiche oder Subsysteme jeweils verschiedene ‚selves' konstituieren (so daß etwa eine ‚private' soziale Identität, eine Berufsidentität, eine juristisch definierte personale Identität, eine kulturelle Identität etc. entstehen, die, mit zunehmender Autonomie der gesellschaftlichen Subsysteme, untereinander weitgehend unverbunden existieren können). Diesen Eindruck verstärkt Mead auch durch Passagen wie die folgende:

„Haltungen, die unter gegebenen Bedingungen und gegenüber demselben Objekt alle einnehmen, werden für das Kind zu Haltungen, die jeder einnimmt. Wenn es eine Rolle übernimmt, die allen gemeinsam ist, spricht das Kind plötzlich zu sich selbst und zu anderen mit der Autorität der Gruppe. Solche Haltungen werden zu Axiomen. Die Generalisierung ergibt sich einfach daraus, daß die Reaktionen aller jeweils identisch sind." (Mead 1922, GA1:295)

Freilich nützten die ‚identischen' Reaktionen aller (welche immer nur *relativ* identisch sein können) wenig, wenn das Kind nicht ab einem bestimmten Zeitpunkt zur simultanen Perspektivenübernahme fähig wäre; in dieser liegt ein Moment der Synthesis, das Mead verkennt. Man muß demnach Meads Theorie gegen die stellenweise Ungenauigkeit seiner Formulierungen (es könnte sich auch um absichtliche Komplexitätsreduktionen zur Vereinfachung der Darstellung handeln) verteidigen: denn der ‚gesellschaftliche Prozeß' ist ohnehin nicht als einheitlicher gegeben, Gesellschaft ist keine Entität, kein ‚an sich' bestehendes Ding, das andere Identitäten stiften könnte. Es liegt nicht in der Konsequenz seiner Theorie, wenn Mead in einigen Texten eine solche vorgängige Einheitlichkeit stillschweigend voraussetzt. Vielmehr bildet sich – jedenfalls auf dem theoretischen Niveau des Meadschen Werks als Ganzem, wie ich zeigen möchte – Gesellschaft jeweils in den verschiedenen individuellen Sichten der Einzelnen auf die Gesellschaft; gesellschaftliche

Einheit ist gleichsam Ergebnis aktiv-konstruktiver Syntheseleistungen der an ihr Beteiligten, wie Simmel gezeigt hat.[78] Wie auch immer Gesellschaft strukturiert ist, das Individuum erfährt sie nicht als Systemverbund, sondern als Lebenswelt. Der Begriff des *generalized other* impliziert diesen Sachverhalt unzweideutig, denn die Generalisierung – und die darin einbezogene Einheitlichkeit – *kann* nur eine kognitive Leistung des jeweils bestimmten Subjekts sein.[79] Es fragt sich allerdings, inwiefern diese subjektiven Konstruktionen auch objektiven Stellenwert erhalten können – hierzu ist es nötig, Meads Philosophie der Sozialität und der Gegenwart zu untersuchen. Bevor diese Frage erörtert wird (Kap. 3.6), bedürfen die Elemente des Meadschen Identitätsbegriffs weiterer Klärung.

3.5 Zum intrasubjektiven Dialog von ‚I' und ‚me'

Das Problem der Identität stellt sich gleichermaßen in ontogenetischer Perspektive wie in struktureller, von der Entwicklungsperspektive abstrahierender Hinsicht. Vor allem der Begriff des ‚I' tauchte in der obigen ontogenetischen Rekonstruktion (aus darstellungstechnischen Gründen) nur implizit auf, nämlich überall dort, wo dem sich entwickelnden Individuum Kreativität im Zusammenhang sozialer Interaktion zugeschrieben wurde.

---

[78] Simmel, *Exkurs über das Problem: Wie ist Gesellschaft möglich?*. Simmel stellt die Frage nach den apriorischen Bedingungen von Gesellschaft analog der transzendentalen Synthesis bei Kant. Für die Sinneseindrücke im kantischen Modell stehen hier die Elemente der Gesellschaft (Individuen); die *Synthese*, die bei Kant den einheitlichen Zusammenhang der Sinnesdaten herstellt, besteht nun in der Einheit der Gesellschaft, die in einem Bewußtseinsprozeß erzeugt wird mittels bestimmter Formen der Beziehung zwischen einzelnen Elementen. Hierbei tritt jedoch eine grundsätzliche, strukturelle, Differenz der beiden Modelle zutage: Während die Einheit der Natur ausschließlich im erkennenden Subjekt besteht, realisiert sich die Einheit der Gesellschaft ohne weiteres, denn das Substrat dieser sind nicht „passive" Sinneseindrücke, sondern selbst aktiv synthetisierende Subjekte – die Trennung zwischen Erkennendem und Erkanntem besteht hier nicht, da das erkennende Bewußtsein zugleich Objekt der Erkenntnis ist. Die gesellschaftliche Synthese bedarf also zu ihrer Existenz keines äußeren Betrachters – sie ist insofern objektiv: „das Bewußtsein, mit den andern eine Einheit zu bilden, *ist* tatsächlich die ganze zur Frage stehende Einheit" (ebd., S. 276). Bei Mead wird dies, weniger spekulativ, auf dem Hintergrund des Konzepts der ‚objektiven Realität der Perspektiven' einsichtig, nach welchem kein Ding ‚an sich', sondern jedes Ereignis (also auch Gesellschaft als Begriff oder als Wahrnehmungsereignis) erst durch bestimmte individuelle, aber intersubjektiv geteilte Wahrnehmungsakte hindurch objektive Realität erlangt (s. u.).

[79] Wird allerdings – aus Gründen der Unübersichtlichkeit, Fragmentierung oder Hyperkomplexität – gesellschaftliche Einheit vom Subjekt nicht mehr synthetisiert, so kann Identitätsdiffusion die wenn nicht unausweichliche, so doch zumindest funktional adaptive Folge sein (vgl. Kraus/Mitzscherlich 1995).

Das ‚I' ist diejenige Instanz der Identität, welche auf (reale oder als ‚me'
internalisierte und autostimulativ aktualisierte) gesellschaftliche Reaktionen
reagiert,[80] wobei diese Reaktion spontan und unkontrolliert ist. Im sozialen
Kontext bezeichnet das ‚I' die physische Handlungsphase überhaupt – man
kann nicht zugleich handeln und über Handlung reflektieren; die Handlung
des ‚I' wird dem Individuum daher nur anhand der nachfolgenden gesellschaftlichen Reaktion, deren internalisierte Form die Instanz des ‚me' bildet,
bewußt. Stellt man sich diese Reaktionskette als internalisierte vor, so findet
ein innerer Dialog zwischen ‚I' und ‚me' statt, in dem jeweils die spontane
Reaktion des ‚I' von der Instanz des ‚me' bewertet (d. h., mittels internalisier-
ter gesellschaftlicher Reaktionen beantwortet) und dadurch bewußt wird.[81]
Das ‚I' wird zum ‚me', und in der Folge reagiert ein neues ‚I' auf dieses ‚me'
(und über diesen Umweg auf das alte ‚I', das im ‚me' bewußt geworden war).
Dieser Prozeß stellt den Mechanismus des *Denkens* dar: ein Selbstgespräch,
das auf einem inneren Forum stattfindet.[82]

---

[80] Vor allem in *Geist, Identität und Gesellschaft* tauchen auch Formulierungen auf, die das
‚I' nicht als Instanz behandeln, sondern es mit der Reaktion selbst ‚also der neuentstandenen Haltung, identifizieren. J.D. Lewis (1979) hat diese Unklarheit erkannt und im
Rahmen sozialbehavioristischer Terminologie korrigiert. Versteht man mit Lewis den
Terminus der Haltung (‚attitude') als stets mit signifikanten Symbolen verknüpft (also
immer gesellschaftlichen Ursprungs), so kann das ‚I' keine Haltung sein, sondern nur
eine Antwort auf eine solche Haltung: „the ‚me' can be interpreted as the social *attitude*
and the ‚I' as the *response*" (ebd., S. 269); „the attitude is the covert phase of the act,
while the response may culminate in some overt, physical activity" (ebd., S. 268).

[81] In zwei maßgeblichen Veröffentlichungen zum sozialpsychologischen Identitätsbegriff
liegt eine eklatant mißverstandene Aufnahme des ‚I'-Begriffs vor: Frey/Haußer (1987)
und Haußer (1995:63) geben ein Modell des Identitätsprozesses, welches das ‚I' als
„wahrgenommene Innenperspektive" dem ‚me' als „wahrgenommene[r] Außenperspektive" gegenüberstellt. Dem ist entgegenzuhalten, daß das ‚I' klarerweise *nicht als solches* bewußt wird (als Bewußtgewordenes ist es vielmehr bereits zum ‚me' transfor-
miert) und somit eine unnötige Begriffskonfusion unternommen wird. Das ‚I' wird bewußt, jedenfalls i. S. Meads, auch in der Innenperspektive *immer* durch die Außenperspektive wahrgenommen; daher ist gerade die Reaktion des ‚me' als *intra*subjektiver Instanz auf die Handlungsimpulse des ‚I' als ‚Innenperspektive', nicht als ‚Außenperspektive', zu bezeichnen. Die extrasubjektive Außenperspektive bildet hingegen nur insoweit einen Bestandteil der Identität, als sie *vom Subjekt selbst* als ‚me' internalisiert
wurde. Daher ist die aktuelle Reaktion des Anderen im sozialen Kontext, die Haußer
dem ‚me' zurechnet („z. B. Wertschätzung durch Andere", „Fremdbeurteilung eigener
Fähigkeiten", ebd.) nicht unbedingt Bestandteil des ‚me' – diese Annahme zöge die ab-
surde Folge nach sich, daß irgendeine Reaktion eines beliebigen sozialen Gegenübers
unmittelbar Teil der eigenen subjektiven Identität würde.

[82] Mead 1925, GA1:323. Abstraktes Denken ist das innere Gespräch mit dem *generalisierten Anderen* und führt daher „zu jener Unpersönlichkeit, die wir als sogenannte Objektivität besonders schätzen" (ebd.).

Somit ist das ‚I' Quelle des Neuen und Unvorhersehbaren sowohl im gesellschaftlichen Handlungskontext als auch im inneren Dialog des ‚self'; ein inter- und intrasubjektiver Generator von Kontingenzen. Darüber hinaus läßt sich der Begriff des ‚I' nicht sehr scharf bestimmen:

> „er bezeichnet die plötzliche Erfahrung eines Andrangs innerer Impulse, von denen nicht weiter auszumachen ist, ob sie aus der vorsozialen Triebnatur, der schöpferischen Phantasie oder der moralischen Sensibilität des Selbst entspringen. Mead will mit seinem Konzept [...] auf ein Reservoir an psychischen Energien aufmerksam machen, das jedes Subjekt mit einer Vielzahl von unausgeschöpften Identitätsmöglichkeiten ausstattet." (Honneth 1994:131)

Das ‚I' ist also in jedem Fall ein Sammelbegriff und darf keineswegs etwa mit dem Freudschen *Es* identifiziert werden. Wenn Honneth zu Recht in der wiedergegebenen Passage dem ‚I' nicht nur spontan-unberechenbare, sondern auch *soziale* Formen der Kreativität zuordnet (‚moralische Sensibilität'), so besteht allerdings das von Bolton (1981:250) angemahnte Problem, daß derartige komplexe Gedanken und soziale Handlungen bzw. Handlungsketten wohl kaum aus zufälligen (biologisch determinierten) Impulsen erwachsen. Daher kann man durchaus annehmen, daß das ‚I' zwar unbewußt ist, aber deswegen nicht unbedingt der sozialen Formung ermangelt, ohne die seine ‚Zielstrebigkeit' in Interaktionskontexten, d. h. die Fähigkeit, begonnene Handlungen auch im Dialog mit dem ‚Me' weiterzuverfolgen, sich kaum erklären ließe. Bolton vermutet, daß,

> „although Mead never fully elaborates on the process by which the ‚I' develops from a body of unorganized and rather undifferentiated impulses into a generally socially responsive, even if not altogether reliable, ‚I', it is clear that Mead thought of the ‚I' as undergoing a development process in which the impulses become organized into motives (i. e. guiding action toward symbolically defined goals) [...]." (ebd.)

Das ‚I' wäre als solches in der Lage, eine Rolle oder Perspektive einzunehmen.[83] Bolton zieht daraus aber nicht die letzte theoretische Konsequenz: denn die Phase des ‚I' wäre im Rahmen seiner Hypothese durch eine *nichtbewußte Perspektivenübernahme* charakterisiert. Diese Position ist zumindest nicht unvereinbar mit Meads Theorie, denn die Haltungen, welche die Bedeutungen der signifikanten Symbole darstellen, *können* zwar bewußt werden (nämlich eben dann, wenn sie von signifikanten Symbolen hervorgerufen werden); es ist aber ebensogut denkbar, daß sie ohne das Auftreten signifikan-

---

[83] Bolton 1981:250. Hier taucht das begriffliche Problem auf, wie das ‚I', das explizit nur eine Reaktion, kein Haltung, darstellt (vgl. Fußnote 80), eine Perspektive (Haltung) einnehmen soll. Wir müßten genau genommen noch eine Instanz ‚hinter' dem ‚I' annehmen, die diesem ein sedimentiertes soziales Handlungsrepertoire, einen Habitus, bereitstellt. Ich möchte aber die ohnehin komplizierte Rekonstruktion an dieser Stelle nicht durch eine zusätzliche Differenzierung belasten.

ter Symbole wirksam werden, die schematisierten Haltungen also in ein ‚freies Spiel' untereinander, einen Zwischenraum zwischen Rationalität und Emotionalität gleichsam, eintreten.[84]

Während der auf diese Weise mit sozialem Gehalt angereicherte Begriff des ‚I' einige Formen der sozialen Kreativität erklären kann (z. B. die Produktion ständig neuer Sprachmuster, Bolton 1981:251), müssen doch komplexeren Formen der Kreativität bewußten intraprozessualen Dynamiken des ganzen ‚self', also einer dialogischen Struktur, zugeschrieben werden: die erworbenen Haltungen (sozialen) Objekten gegenüber erlauben erst der Impulsivität des ‚I', z. B. zur künstlerischen, sozialen (interpersonalen) oder gedanklichen Kreativität zu gelangen, indem entweder die Betrachtung eines Gegenstands aus vielen Perspektiven neue, unkonventionelle Facetten hervorbringt oder aber vorhandene Haltungen und Perspektiven zu neuen kombiniert werden. In beiden Fällen gilt: „the more perspectives the ‚me' has available, the greater the likelihood of creativity".[85] Darin liegt eine – möglicherweise an sich triviale, aber die Meadsche Theorie bereichernde – Erklärung der schlichten alltäglichen Erfahrung, daß Künstler und kreative Denker etc. nicht ‚vom Himmel fallen', sondern ihren kreativen Prozessen vielfältige, ja oft dramatische kulturelle und soziale Auseinandersetzungsprozesse vorangegangen sind.

---

[84] Dies kann besonders dort geschehen, wo der Handlungsablauf reibungslos und ‚automatisiert' stattfindet, so daß kaum eine Handlungshemmung auftritt, die die *bewußte* Handlungssteuerung aktiviert. Handlungshemmungen und Handlungsbewußtsein ergeben sich für Mead aus der Unvorhersehbarkeit sozialer Interaktionen: „Unsere Orientierung an ihren wechselnden Reaktionen findet [...] durch einen Prozeß der Analyse unserer eigenen Reaktionen auf ihre Reize statt. In diesen sozialen Situationen treten nicht nur miteinander in Konflikt liegende Handlungen auf, die eine verschärfte Definition der Reizelemente erfordern, sondern auch ein Bewußtsein der eigenen sozialen Haltung als einer Interpretation der Bedeutungen eines sozialen Reizes. Wir sind uns unserer Haltungen bewußt, weil sie für die Veränderungen im Verhalten anderer Individuen verantwortlich sind" (Mead 1910, GA1:219). Insofern jedoch in weitgehend standardisierten oder ritualisierten Situationen das Gegenüber den Konventionen entsprechend agiert, belastet sich das kognitive System zumeist nicht mit der Wahrnehmung und bewußten Steuerung des Interaktionsablaufs. Dies betrifft insbesondere die unzähligen habitualisierten Bewegungsabläufe und Handlungsweisen: unser Habitus wird uns, wenn überhaupt, zumeist erst bewußt, wenn wir uns einem ‚fremden' Gruppenhabitus gegenüber sehen und auf die dadurch erzeugte Reibung im Interaktionsablauf reagieren müssen. Mead hat diesem Aspekt der sozialen Interaktion nur wenig Beachtung geschenkt.

[85] Bolton 1981:251. Negativ formuliert, heißt dies, daß die soziale Kreativität, also die innovative Handlungsfähigkeit, mit der Anzahl der verfügbaren sprachlich kodierten ‚me' abnimmt: „Daher werden die von einem Subjekt im alltäglichen Handeln konzipierten Akte von vornherein beschränkt auf die Möglichkeiten, die der Sprachcode zuläßt. [...] Die Beschränkung der Sprache bedingt so eine Beschränkung des handlungsantizipierenden Denkens" (Geulen 1989:241).

Kreativität und Spontaneität sind ihrem Ursprung nach nicht unbedingt außersozial und Sozialität nicht per se unkreativ – d. h., das ‚I' ist *auch* eine soziale Instanz, und die normierten sozialen Haltungen bergen, jedenfalls außerhalb totalitärer Gesellschaften, *immer auch* (und sei es aufgrund systemischer Interdependenzeffekte oder Widersprüchlichkeiten im Normgefüge) kreatives Potential. Die Dialektik von ‚I' und ‚me' wird, wie ich meine, durch Boltons Interpretation nicht ihrer Spannung beraubt, sondern im Gegenteil dynamisiert, indem beide Begriffe nicht mehr nur äußerlich (durch den Begriff der Identität, dessen Phasen sie bilden) verbunden sind, sondern eine innere Verbindung aufweisen, die erst recht einen Dialog impliziert.[86] Allerdings tritt diese Auffassung des ‚I' Vorstellungen entgegen, die es in die Nähe ‚reiner Subjektivität' oder eines nichtsozialen ‚eigentlichen Selbst' (etwa im Sinne der Eigentlichkeitsideologie Heideggers) bringen und somit in eine Dichotomie von Selbstbehauptung und gesellschaftlicher Fremdbestimmung zurückfallen.[87]

3.6 Emergenz und gesellschaftliche Wirklichkeit

Zu Beginn diese Kapitels wurde behauptet, daß nach Mead jedes Selbstverhältnis über eine Welt vermittelt gedacht wird, welche ihrerseits keine vorgängige, sondern eine (inter-)subjektiv konstituierte ist. Die späte Sozialphilosophie Meads öffnet die weitestgehend sozialpsychologisch angelegte Identitätstheorie anthropologischen (Rehberg 1985) und sogar existenzphilo-

---

[86] Z. B. können die unbewußten Perspektivenübernahmeprozesse des ‚I' prinzipiell bewußt gemacht werden, so daß das ‚me' im ‚I' nicht nur das (mit Hegel gesprochen) *abstrakte* Gegenteil seiner selbst erblickt (indem keine wirkliche Beziehung zwischen ihnen besteht), sondern sich *konkret* im ‚I' wiederfindet; andererseits steht die unbewußthandelnde Phase der Identität nicht einem starr konventionellen, bloß repressiven Normenkomplex gegenüber. Boltons Neuinterpretation von ‚I' und ‚me' nimmt den Meadschen Termini ihren stark typisierenden Charakter, was einer Theorie personaler Identität sicherlich entgegenkommt (denn beispielsweise eine müßte man eine Persönlichkeit, die tatsächlich aus einem nur kreativen ‚I' und nur konventionellen ‚me' – im Sinne der gängigen Interpretation dieser Begriffe – besteht, geradezu als in pathologischem Maße dissoziiert betrachten).

[87] Mead selbst bringt das ‚I' in Zusammenhang mit Selbstbehauptung (in Abgrenzung zur konventionellen Persönlichkeit), was aber keinesfalls im Sinne eines außersozialen ‚eigentlichen Selbst' (wie dem im letzten Kapitel rekonstruierten expressivistischen Selbst) aufgefaßt werden darf, da das Selbst (*„self“*) bei Mead ja erst im sozialen Prozeß entstanden ist. Vielmehr müßte man genauer von der ‚Behauptung individueller Kreativität' gegenüber erstarrten Konventionen sprechen. Aus der entsprechenden Vorlesung Meads (GIG, Kap. 28) geht explizit hervor, daß Mead Selbstbehauptung nicht als asoziale Umsetzung privater Ziele, sondern als Motor des Fortschritts im gesellschaftlichen Prozeß versteht, welcher nur mit sozialen Mitteln zu erreichen ist.

sophischen (Malhotra 1987) Horizonten: sie ist eine Theorie eines spezifisch menschlichen Welt-habens und eines sozial vermittelten In-der-Welt-Seins. Hierbei handelt es sich nicht bloß um ein metaphysisches Aperçu – die Theorie des ‚self' erfährt durch die ‚Philosophie der Sozialität' wesentliche Präzisierungen und Bereicherungen, deren Rückwirkung auch auf einen erziehungswissenschaftlichen Begriff der Identität im Meadschen Sinne auf keinen Fall ignoriert werden sollte.

Ich rekonstruiere im folgenden wesentliche Beiträge Meads zur Theorie der Realitätskonstitution; diese führen zur ‚Philosophie der Sozialität'. Die weitreichende Bedeutung dieser Gedanken für das Verständnis subjektiver Identität als Teil gesellschaftlicher Wirklichkeit wird in Kapitel 3.7 expliziert.

3.6.1 Die Realität des physischen Dinges

Eine Grundintention Meads ist wie erwähnt die Überwindung des kartesianischen Paradigmas der metaphysischen Trennung von Subjekt und Objekt. Weder existiert ein Selbst von Beginn des individuellen Lebens an (wie die ontogenetische Rekonstruktion zeigt), noch wird dessen logischer Gegenpol, die Welt (was auch immer man zu diesem Zeitpunkt darunter versteht), als präexistent gedacht. Betrachten wir zunächst den Aufbau der physischen Welt und der physischen Realität:

Grundlage dieses Modells ist das Moment der *Haltungsübernahme* – die entscheidende Idee Meads besteht darin, „daß die Konstitution des permanenten Objekts schon elementare Strukturen der Rollenübernahme voraussetzt" (Joas 1996:267): „Wir sehen das Objekt nicht einfach als etwas an, das passiven Widerstand leistet, sondern als etwas, das uns aktiv widersteht" (GA2:242). Diese ‚Widerständigkeit' des Dings wird zuerst in der sozialen Situation erfahren, deren Charakteristikum es ja gerade ist, daß „ein Individuum durch sein Handeln als Auslösereiz für die Reaktion eines anderen Individuums dient" (GA1:210), und dessen unvorhersehbare Reaktion im Gegensatz zum Umgang mit physischen Gegenständen eine ständige Neuorientierung erfordert (GA1:219) (oder, wo diese noch nicht geleistet werden kann, eine Irritation, also die Erfahrung eines Widerstands hervorruft). „Die Form des sozialen Objekts muß zunächst in der Erfahrung einer Identität der anderen gefunden werden" (GA1:237).

Nachdem also das Kind die Erfahrung der Widerständigkeit in der sozialen Situation gemacht hat sowie im Kontakt mit dem eigenen Körper das ‚Innere', gleichsam subjekthafte eines seiner Objekte erfahren hat,[88] schreibt es auch physischen Objekten dieses ,Innere' zu und erfährt dasjenige, was Ergebnis *seines* manipulativen Umgangs mit dem Ding ist, als soziale Reaktion des Dings selbst.[89] Die Kontakterfahrung eines Gegenstands ist abhängig von der Aktion der Hand; *als sozial konstituiertes Objekt* ,reagiert' der Gegenstand auf die Aktion der Hand:

> „Die Identität in der Reaktion des Dings und in der Reaktion, die wir dadurch in uns selbst auslösen, daß wir auf ein physisches Ding einwirken, ist gegeben, wenn wir ein Ding umfassen, ergreifen oder befingern. Das Ding drückt so gegen uns wie wir gegen uns selbst drücken" (GA2:164 f.). „Man versetzt sein eigenes Selbst sozusagen in das Objekt und ruft in seinem Selbst eine Reaktion hervor, für die man insofern verantwortlich ist, als man in der Rolle des Objektes handelt." (Mead, Philosophie der Sozialität, S. 212 – im folgenden PS)

Wie im sozialen Umgang geschieht also im Umgang mit Dingen eine Haltungsübernahme durch „Einfühlung" (GA2:242), also *mimetisch*, wenn auch diese Mimesis hier auf einen praktischen, überwiegend nicht-ästhetischen Vorgang beschränkt wird.

Im Kontakt mit dem physischen Ding erfahren wir seine Wirklichkeit durch seine *unmittelbare körperliche Gegenwart.* Das sensomotorisch be*hand*elte Objekt wird in der sozialen Situation nach dem Muster des ,Themas mit Variationen' als ein mehr und mehr Konstantes erfahren. Als solches bildet es die Basis der Identifikation räumlich und zeitlich entfernter, d. h. *zukünftiger* „Distanz-Objekte", denen als solche keine Realität zukommt;[90] d. h.: die körperlich-mimetisch erfahrene soziale Welt ist die erste Realitätsbasis der sichtbaren (und vermittelt auch der symbolischen) Welten. „Physische Dinge sind wahrnehmbare Dinge; sie entstehen gleichfalls im Handeln" (GA2:219); sie sind „daher eine hypothetische und damit zukünftige Ausführung eines initiierten Prozesses, welcher in der Kontakt-Erfahrung überprüft wird. [...] Die Umgebung eines Individuums stellt, sofern sie aus physischen Objekten besteht, eine Menge solcher Hypothesen dar" (PS:127 und 129).

Im handelnden Umgang mit Dingen, so könnte man Meads Ausführung ergänzen, bilden sich Proto-Begriffe als Sedimentierung der gemachten Erfah-

---

[88] Wenn ein Säugling oder Kleinkind z. B. zufällig seinen eigenen Fuß ergreift, so erfährt es gleichzeitig die mit der Hand erfühlten Bewegungen des Fußes als kinästhetische, also aktive ,Tätigkeit' dieses ,Objekts' selber.

[89] „Die frühesten Objekte sind soziale Objekte, und alle Objekte sind anfangs soziale Objekte. Die spätere Erfahrung differenziert zwischen den sozialen und den physischen Objekten, aber der Mechanismus der Erfahrung mit Dingen gegenüber einem Selbst als Objekt ist der soziale Mechanismus" (Mead 1985b:164; die wenig sinnvolle Übersetzung von *self* als ,Ich-Identität' – s. Kapitel 1 – wurde von mir korrigiert).

[90] Vgl. GA2:112 oder auch ebd. S. 95: „Die Dinge sind nicht real, so wie sie gesehen, gehört oder gerochen werden; sie sind real, wenn sie wirklich oder potentiell durch Kontakt erfahren werden."

rungen, die fortan abgerufen werden, wenn das entsprechende Objekt als Distanzreiz erblickt bzw. gehört wird. Ein solcher Vorgang ist mit Beginn der Hand-Auge-Koordination möglich.[91]

3.6.2 Reflexion, Symbol, Sinn

Eine genuine *Erfahrung* von Dingen wäre im behavioristischen Mechanismus von Distanzreiz – Reaktion – Handlungsvollzug nicht denkbar, denn das Objekt der Erfahrung würde zugleich mit dem Kontakt verändert, z. B. konsumiert. Wenn also zugleich mit dem Kontakt eine taktile Erfahrung wirklich stattfinden kann, impliziert dies eine Unterbrechung des Handlungsablaufs. Diese Fähigkeit der Unterbrechung verdankt sich der komplexen Organisation des menschlichen Gehirns[92] sowie der außerordentlichen Beschaffenheit der Hand mit ihrem enormen sensorischen und feinmotorischen Potential. Der ‚Zwischen'-Charakter des Handgebrauchs *ermöglicht* das Aufkommen mehrerer, sich gegenseitig widersprechender und deshalb hemmender Handlungsimpulse, und verlangt zugleich nach einer diesen Konflikt lösenden, die Handlung vollendenden Instanz. Die Handlungshemmung entsteht dann, wenn plötzlich ein Problem auftaucht (emergiert), das den automatisierten Handlungsablauf unterbricht und eine Anpassung der Handlung verlangt (im sozialen Handeln ist dies regelmäßig der Fall, weil die Reaktionen der anderen nicht sicher voraussagbar sind). Die Handlungshemmung leitet eine Reflexionsphase ein, denn die aufgehobene Selbstverständlichkeit des Handlungsablaufs verlangt nach einer Wahl der angemessenen Alternative. Umgekehrt ist die Notwendigkeit einer Wahl bestehender Alternativen die Grundvoraussetzung von Bewußtsein; dieses verdankt sich also der *Gleichzeitigkeit von Differenzen*, welche schwerlich in der physischen Realität, sondern nur als Repräsentation in einem komplexen System wie dem menschlichen Gehirn auftreten *können*. Die sich gegenseitig hemmenden Handlungsalternativen lagern sich nun gleichsam an das Ding an und bilden seine mentale Repräsentation als „begriffliche[s] Objekt" (GIG:110), welches als solches der Verbindung mit einer ‚Lautgebärde' (als Signifikant) offen steht. Die Reflexionspha-

---

[91] Stern 1996:108; vgl. hierzu auch das oben erwähnte Sternsche Konzept der ‚RIGs'.

[92] Das Wissen um die simultane Evolution von Gehirn, Hand und Sprache (vgl. Leroi-Gourhan 1988, Kap. III) bestätigt Meads hirnphysiologische Argumentation, insbesondere bzgl. der Hemmung spontaner motorischer Impulse. Im Gegensatz zu Tieren orientiert „Area 8 [...] die motorische Integration hin auf die nichtmotorischen Frontalbereiche, die bei Affen noch sehr wenig ausgebildet sind und auch bei den fossilen Menschen ihre Entwicklung noch längst nicht abgeschlossen haben" (ebd. S. 114). Diese Zwischenschaltung steht unmittelbar in Zusammenhang mit der Entwicklung der Technizität als „einzigartige Erscheinung" bei den Anthropinen (ebd.).

se gibt auf diese Weise alternativen Handlungsimpulsen Raum und befreit dadurch das Individuum von der Bindung an instinktive Handlungsimperative (bekanntlich unter dem Titel der ‚Instinktentbundenheit' ein wichtiges Moment in der Anthropologie Gehlens).

Geste, Symbol und Sinn

Mittels der repräsentativen Funktion des Symbols können die Distanzobjekte gemachte Kontakterfahrungen aufrufen (Identifikation oder *act of indicating*) und geraten so in die (virtuelle) Gegenwart des Individuums. Sinn (*meaning*) vermag also die raumzeitlichen Distanzen zu überbrücken.[93] Er macht den Gegenstand mental verfügbar und überwindet *virtuell* die Zeitspanne, welche benötigt würde, um in seine Nähe zu gelangen: Sinngebrauch konstituiert eine räumliche und zeitliche *Gegenwart* mit Dingen und sozialen Objekten, weil die Symbole die Welt innerindividuell *vergegenwärtigen*. Die durch die Hemmung des Handlungsablaufs erzeugte Reflexionsphase ermöglicht eine *gleichzeitige* mentale Anwesenheit verschiedener symbolisch codierter gesellschaftlicher Perspektiven auf sozial Objekte (Dinge, andere, oder auch das eigene Selbst). Dabei erlauben die in der Vergangenheit des Individuums gemachten symbolisch codierten Erfahrungen eine ‚hypothetische' Vorwegnahme zukünftiger Aktionen, und eben diese Phase der Reflexion erzeugt so eine sowohl in Richtung der Vergangenheit als auch der Zukunft (Handlungsziel) ausgedehnte Gegenwart. Auf dieser Basis der Ausdehnung der Kontakt-Erfahrungen auf den umgebenden Distanz-Raum entsteht so ein ganze sinnhafte mentale *Welt* von vergegenwärtigten Gleichzeitigkeiten mit Hilfe von ‚Einstellungen', also den Inhalten sozialer Symbole. Diese „Welt ist eine hypothetische Welt, wie unbestritten die Hypothese auch immer sein mag. Die vor uns liegende Welt, an der wir unsere Hypothesen testen, ist eine Welt von Objekten, die alle in der Zukunft, jenseits der tatsächlichen unmittelbaren Kontakt-Erfahrung liegen" (PS:202), d. h., sie müssen im Rahmen der objektiven Sinnstruktur, sei es als dingbezogene instrumentelle oder auch als soziale Handlung, ihre Realität erweisen.

Die Tatsache, daß die objektiv-sinnhaften sozialen Prozesse nicht in einer vorgängigen Welt oder Situation stattfinden, sondern diese erst konstituieren,

---

[93] An dieser Stelle ist kritisch festzuhalten, daß bei diesem Prozess das zugrundeliegende Objekt per Identifikation *reduziert* wird. Sinn evoziert nie das ganze Objekt sondern ausschließlich die gemachten Erfahrungen des Individuums, welche, insoweit sie im Rahmen eines intentionalen oder kooperativen Handlungsprozesses gemacht wurden, jeweils bestimmte Aspekte des Objektes selegieren und diese aus pragmatischen Gründen gleichsam zum Gesamtobjekt hypostasieren. Hier ist negativ eine Theorie des Nichtidentischen angesprochen.

reift in Meads Spätphilosophie zum kosmologischen bzw. sozialontologischen Konzept der ‚objektiven Realität von Perspektiven' heran. Das Meadsche Konzept der Sozialität, welches auch schon anhand des Sinnbegriffs einsichtig wird – „Sozialität ist die Fähigkeit, mehrere Dinge gleichzeitig zu sein" (PS:280), und eben dies geschieht beim Sinngebrauch als simultane Perspektivenübernahme mittels sozialer Symbole – findet hier, im Kontext der perspektivistischen Zeitphilosophie, seine volle Entfaltung. Das pragmatistische Paradigma wird von Mead mit einer solchen Radikalität gegen die konventionellen neuzeitlichen Ontologien und Weltbilder gestellt, daß seine Modernität teilweise bis in unsere Zeit erhalten blieb.[94]

3.6.3 Perspektivität und Sozialität

Relativität und Perspektivität

Das Konzept der Perspektivenübernahme stellt das Bindeglied zu den kosmologischen Ausführungen dar. Mead erläutert den Begriff der Perspektive vornehmlich an Einsteins allgemeiner Relativitätstheorie. Dies mag damit zusammenhängen, daß die Erfahrung einer zunehmend komplexen, sich im Umbruch befindenden und bereits weitgehend enttraditionalisierten Moderne ihr Pendant in der Ablösung der Newtonschen Physik und der Äthertheorie, die, wenn auch keinen archimedischen Punkt, so doch die „identischen relativen Positionen" (PS:311) der Objekte des Kosmos annahmen, durch Einsteins konsequent und unerhört relativistisches Universum fand. Der Verlust der Fixsterne als feste Bezugspunkte in einem gleichförmigen Raum spiegelt die Situation der industrialisierten Neuen Welt, deren soziale Raum- und Zeitordnungen zumindest potentiell steten Veränderungen unterlagen. Hatte der Darwinismus den Menschen als göttliches Ebenbild endgültig entthront, dafür jedoch wenigstens ein evolutionäres Entwicklungsmodell geboten, welches dem *homo sapiens sapiens* eine absolute Spitzenposition zuwies, so bedrohte die Lehre von der raum-zeitlichen Relativität insbesondere in ihrer Interpretation durch Minkowski (vgl. Joas 1989:166) nun auch noch die vormals gerichtete, unbeugsame Dimension der Zeit, auf deren Basis doch allein die Entwicklung zum Höheren sich konstatieren ließ. Mead nahm, abgesehen davon, daß die positive Einstellung der Pragmatisten zu den Ergebnissen empirischer und naturwissenschaftlicher Forschung ohnehin eine adäquate Berücksichtigung des neuen physikalischen Paradigmas geradezu verlangte, die

---

[94] Vgl. die im erziehungswissenschaftlichen Bereich die verschiedenen Positionen des ‚interaktionistischen Konstruktivismus': Sutter (Hg. 1994), Reich (1998), Neubert (1998) sowie die kritische philosophische Diskussion bei Searle (1997).

Herausforderung an, *innerhalb* des naturwissenschaftlich bezeugten relativistischen, insofern ,offenen' Universums Strukturen sozialer Ordnung zu suchen, welche ohne die Fixsterne des moralischen Kosmos – traditionale Werte – auskamen. Er fand sie im Prinzip sich überschneidender Systeme zeitperspektivischer Wahrnehmungsereignisse: in der ,Sozialität' (*sociality*). Wiewohl dieses für die soziale Welt auch ohne Rekurs auf die Relativitätstheorie darstellbar ist, bietet das physikalische Modell doch eine besondere Anschaulichkeit gerade im Hinblick auf Emergenz und Performativität, weswegen ich es in Grundzügen kurz darstellen möchte.

Mead hält der relativistischen Auslegung der Relativitätstheorie eine *perspektivistische*, an Whitehead orientierte Interpretation entgegen. Dessen Ansatz bestand darin, „den Begriff der Perspektive einerseits von der Bedeutung des räumlichen Sehens aus auszuweiten und gemäß der Untrennbarkeit räumlicher und zeitlicher Angaben bei Messungen an bewegten Körpern auch auf die Zeitlichkeit zu beziehen" (Joas 1989:171). Die Perspektive, d. h. Ort und Geschwindigkeit des Betrachters in Bezug auf ein Objekt oder Ereignis stellt eine je spezifische Ordnung zwischen beiden Systemen (Beobachter und Objekt/Ereignis) her, die mangels fester Bezugspunkte innerhalb der Raumzeit eine „nicht hintergehbare Form" der Beziehung darstellt, „d. h. die Perspektiven sind weder Verzerrungen von vollkommenen Strukturen noch Selektionen aus einer Gegenstandsmenge, deren Realität in einer absoluten Raum-Zeit-Welt zu suchen wäre" (Bergmann 1981:353). Relativitätstheoretisch werden verschiedene Ereignisse von verschiedenen (sich mit unterschiedlicher Geschwindigkeit und/oder unterschiedlicher Richtung bewegenden) Beobachtern möglicherweise nicht nur in unterschiedlicher räumlicher, sondern auch in unterschiedlicher zeitlicher Ordnung erfahren. Da keine konstante Raumzeit, geschweige denn feste Bezugspunkte existieren, kann keine der verschiedenen Beobachtungen Wahrheit für sich beanspruchen. Deshalb erzeugt das Ereignis der Wahrnehmung als Beziehung zwischen zwei getrennten raumzeitlichen Systemen nicht nur eine Sichtweise oder Interpretation des Objekt-Ereignisses, sondern es *konstituiert ,Natur' als Ereignis dieser Beziehung*, weil es außerhalb dieser Beziehung keine Natur gibt, von der man sprechen könnte:

> Die „Beziehung eines gleichsinnigen Systems zu einem Wahrnehmungsereignis [...] gliedert Natur. Diese Gliederungen sind nicht nur in der Natur gegeben, sondern sie sind die einzigen Formen der Natur, die gegeben sind. [...] Dauerhafte Räume und Zeiten, welche Abfolgen dieser Gliederungen sind, Ruhe und Bewegung sind gegeben, aber sie sind nur in ihrer Beziehung zu Wahrnehmungsereignissen oder Organismen gegeben. Wir können darüber hinausgehend sagen, daß die sinnlichen Qualitäten der Natur in der Natur gegeben sind, jedoch nur in ihrer Beziehung zu tierischen Organismen. Weiter können wir andere Werte, von denen bisher angenommen wurde, sie seien abhängig von Begierden, Wertschätzungen und Neigungen und die Gesamtheit dessen, was die dualistische Doktrin

dem Bewußtsein zugeschrieben hatte, der Natur zurückerstatten; denn die raumzeitliche Struktur der Welt und der Bewegung, mit der sich die exakten Naturwissenschaften beschäftigen, ist in der Natur lediglich in ihrer Beziehung zu Wahrnehmungsereignissen oder Organismen gegeben" (GA2:220 f.).

Dies ist sozusagen die kosmologische Fortsetzung der Realitätskonstitutionstheorie, welche oben am Begriff des physischen Dinges expliziert wurde. Laut dieser gibt es „keine Realität außerhalb der Wahrnehmung" (Lüscher 1990:256) – so wie die Realität des physischen Dinges durch den Kontakt konstituiert wird, entsteht durch das Wahrnehmungsereignis eine ‚objektive Perspektive' als ein Teil der „Natur".

Meads unexakte Begriffsverwendung hält hier – an einer äußerst wichtigen Stelle für die Interpretation bzw. Rekonstruktion der Theorie – Fallstricke bereit. So schreibt etwa Bergmann in Bezug auf ein sogleich zu erläuterndes Konzept: „Mead spricht deshalb auch von der ‚objektiven Realität von Perspektiven' (PS:215) und meint damit, daß die perspektivische Ordnung der Welt in eine Vielzahl räumlicher und zeitlicher Beziehungen durchaus die *Realität* oder *Objektivität* erfaßt und nicht als *subjektiv* mißverstanden werden darf" (Bergmann 1981:353). Dies ist insofern korrekt, als Perspektiven wie gesehen ‚die Natur sind' und folglich nicht subjektiv sein können. Allein: wie könnte Mead dann im selben Aufsatz schreiben, daß es Perspektiven gibt, welche „aufhören, objektiv zu sein, wie das ptolemäische Weltbild" oder die Perspektiven „eines Alkoholiker-Hirns" (GA2:221)? Eine nicht nur *in* der, sondern *als* Natur existente Perspektive ist ein Wahrnehmungsereignis, also eine Beziehung *zwischen* Beobachter und Objekt, das als solches, ebenso wie die objektiven Sinnstrukturen, nicht einfach ins Bewußtsein des Beobachters verlagert werden kann, wie Mead nicht müde wird zu betonen.

Das Problem läßt sich folgendermaßen aufklären: Die perspektivischen Gliederungen der Ereignisse „sind die einzigen Formen der Natur, die gegeben sind" (GA2:220). Die Perspektiven *selbst, d. h. als Perspektiven* (Form) sind weder im Individuum noch im Objekt bzw. anderen Individuum, sondern *zwischen* diesen lokalisiert, und insofern existieren sie *objektiv*. Die von der Perspektive auf ein Objekt evozierte Repräsentation desselben, also ihre Inhaltswerte, sind nicht unbedingt objektiv. Spricht man über Realitätskonstitution, muß man die Objektivität der konstituierenden von der der konstituierten Elemente unterscheiden: die als solche objektive Perspektive kann *private, subjektive* oder *objektive* Erfahrungen zeitigen. Die Phantasmen des Don Quichotte beispielsweise sind objektiv eine Sicht auf die Welt wie jede andere auch; sie erzeugen als symbolvermittelte Evokationen eine (virtuelle) Gegenwart, die sich aber im Handlungsvollzug als nicht real erweist bzw. die sich nicht in eine objektive (sprich: gesellschaftliche oder kulturelle) Sinnstruktur eingliedert.[95] Da letztere kulturell und historisch variieren (denn sie werden stets nur, und immer wieder, durch koordinierte soziale Handlungsabläufe geschaffen und aufrechterhalten), sind sie ohnehin nicht objektiv im überzeitlichen Sinn (etwa der platonischen Ideen oder der kantischen Anschauungsformen), sondern ‚nur' *gesellschaftlich* objektiv. Allein durch die pragmatistische Absage an die dualistischen Weltbilder der Metaphysik ist der Platz des Objektiven als einzig formgebendem Prinzip vakant geworden – deswegen ist es aber noch nicht legitim, die *emergenten* – insofern durchaus eine bloß okkasionelle Intersubjektivität überschreitenden – intersubjektiven Strukturen als objektive zu hypostasieren.[96] Die objektiven Perspektiven müssen von ihren intersubjektiv-emergenten Bezügen unterschieden werden. Diese Begriffsregelung erspart nicht nur terminologische Mißverständnisse, sondern gibt auch den Blick frei auf die bereits angedeuteten unterschiedlichen Typen von Perspektiven und ihr Verhältnis zur Sozialität.

Perspektiven geben im alltäglichen, z. B. visuellen Sinn einen bestimmten Ausschnitt einer *existierenden* Sache in einem bestimmten Licht wieder. Dies kann von den objektiven Perspektiven nicht behauptet werden, denn ihnen liegt nicht wiederum etwas anderes Objektives zu Grunde. Freilich liegt ihnen auch nicht *Nichts* zu Grunde. Nicht zufällig weisen sogar die wahnhaften Halluzination des Ritters de la Mancha *strukturelle* Ähnlichkeitsbezüge zur Realität auf. Die perspektivisch konstituierte Welt ist keine frei erfundene; vielmehr setzt sie auf ‚offenen' Strukturen auf, an denen Handlungsprozesse erfolgreich formgebende Selektionen vornehmen. Ohne diese Vorstrukturiertheit der Dinge unabhängig von der sozialen Perspektive wären schließlich alle Dinge im sozialen Kontext beliebig formbar.[97] Grundlage des stets perspektivisch erfahrenen Objekts, „ist nicht so sehr ein Ding als vielmehr ein Organisationsprinzip, aus dem sich eine Anzahl verschiedener Objekte ableiten läßt" (PS:190). Es bietet eine Auswahl objektiver Perspektiven, die enger oder umfassender, privat, subjektiv oder intersubjektiv sein können.[98] Dieses ‚Organi-

---

[95] Foucaults *Ordnung der Dinge* würde in Meads Begriffen als Geschichte objektiver Perspektivensysteme erscheinen.

[96] Die aus einer solchen Position resultierende relativistische interaktionistische Ontologie gerät ohnehin in Erklärungsnot, weil sie schon makrosoziale Strukturen, von der restlichen Realität ganz zu schweigen (vgl. Searle 1997), nicht modellieren kann. Sie übersieht ihre strukturelle Beschränktheit und gerät damit potentiell in eine quasi-idealistische Position.

[97] Auf die Beschränktheit der sozialen Formbarkeit sogar rein sozialer Sachverhalte (z. B. Institutionen) aufgrund ihrer Eigengesetzlichkeit weist die Systemtheorie in kritischer Absicht gegen das hoffnungsgetragene (weil kontrafaktisch argumentierende) diskurstheoretische Modell Habermas' hin.

[98] „Wir haben zwischen dem zu unterscheiden, was zur Erfahrung des Individuums *qua* Individuum gehört, und dem, was sich in seinem Geist befindet und die Bezeichnung

sationsprinzip' ist ein *Erzeugungsprinzip sozialer Objekte*, eine *Möglichkeitsstruktur* der Dinge; es handelt sich hierbei logischerweise nicht um eine reale Gegebenheit, die der Welt irgendwie im Hintergrund anhaftet, sondern um eine Denknotwendigkeit innerhalb der Meadschen Ontologie (sowie der implizit oder explizit auf diese bezogenen Theorien). Aufgrund des emergenten Charakters sozialer Perspektiven kann dieses Erzeugungsprinzip immer erst *ex post* bestimmt werden. Damit ist die Realität der sozialen Objekte und ihrer Beziehungen zueinander prinzipiell ins Offene gehalten: „Was sie jetzt sind, ist in einer Menge möglicher raum-zeitlicher Strukturen repräsentiert" (GA2:223).

Sozialität, Zeit- und Geschichtsphilosophie

Gegenwart besteht synchron betrachtet darin, daß sich die Perspektiven verschiedener Individuen auf soziale Objekte überschneiden und so vergegenwärtigend eine gemeinsame Wirklichkeit stiften. Diese Synchronizität ist eingebettet ein eine temporale Struktur und erhält – im sozialen Kontext, weniger am Modell der Relativitätstheorie – erst auf diesem Hintergrund ihre Bedeutung: Die Perspektiven der Individuen treten nicht einfach spontan auf, sondern werden von ihren vergangenen, lebensgeschichtlich gemachten Erfahrungen in sozialen Zusammenhängen wesentlich mitbestimmt. Aufgrund dieser *habits*[99] bilden sich Vorstellungsbilder (*images*, PP:75), die

> „einen äußerst wichtigen Teil der Umwelt des menschlichen Individuums [konstituieren]. Sie sind im allgemeinen mit den Objekten und Einstellungen [attitudes] [...] wie auch [...] mit dem Beginn von Muskelreaktionen derart verschmolzen, daß es schwierig ist, sie in unserer aktuellen Erfahrung zu definieren und zu isolieren. Eine große Rolle spielen sie bei der Konstruktion der Vergangenheit und der Zukunft. [...] Insbesondere konstituieren unsere habituellen Reaktionen auf bekannte Objekte für uns die Ideen von diesen Objekten" (PS:307).

,subjektiv' verdient. Im ersten Fall kann man die Beobachtung ,privat' nennen [...]" (beispielsweise Schmerzen). „Dieser Umstand abstrahiert das Beobachtete nicht aus der gegebenen Welt, denn diese Menschen sind in dieser gegebenen Welt zusammen mit den Geschehnissen, die sich in ihrem Leben ergeben"; die persönlichen Erfahrungen stellen „Objekte in der gegebenen Welt dar" (GA2:35). Sinneserfahrungen bilden also, insofern sie sich nicht kommunikativ verflüssigen lassen, private Perspektiven. Subjektive Perspektiven hingegen sind sozial erworbene Bedeutungen, deren Objekt jedoch ,ideell' ist (ebd.), d. h. noch nicht oder auch nie gegeben in Bezug auf das entsprechende gesellschaftliche Sinnsystem. ,Objektive' (intersubjektiv emergente) Perspektiven schließlich sind bedeutungskonstituierte Perspektiven, die sich im sozialen Kooperationszusammenhang (oder im dinglich-instrumentellen Handeln) als real erweisen (GA2:211 ff.). Es besteht eine gewisse Durchlässigkeit zwischen den Perspektiven: objektive können subjektiv werden und v. v., private Perspektiven können subjektive Sichtweisen anregen und zu intersubjektiv-emergenten Erkenntnissen führen, etc.

[99] Mead, *Philosophy of the Present*, S. 24 – im folgenden: PP.

In der Gegenwart der Reflexionsphase, die immer durch eine mehr oder auch weniger gravierende Handlungskrise eingeleitet wird, greifen die Individuen auf ihre Erfahrungen und Bedeutungen zurück und erzeugen auf dieser Basis interagierend einen *Entwurf* der Zukunft (PS:156), der zum Leitbild der Handlungsorganisation (d. h. der Überwindung der Handlungshemmung) wird: Sozialität, soziale Gegenwart, emergiert gleichzeitig mit sozialen Handlungskrisen als Ort einer (aufgrund der Unterbrechung des Handlungsablaufs) plötzlich ,angehaltenen', ausgedehnten Gegenwart, die sich zwischen der Perspektive einer gemeinsamen Zukunft und den Erfahrungen der sozialen Vergangenheit erstreckt.

Damit ist klar, daß die Ähnlichkeit von Erfahrungshintergründen und Verhaltensgewohnheiten bzw. Vergangenheits*bildern*[100] und Habitus die Wahrscheinlichkeit des Findens einer gemeinsamen Perspektive, also der Konstitution einer gemeinsamen gegenwärtigen Welt wesentlich mitbestimmt. An dieser Stelle vermeidet Mead die v. a. in *Geist, Identität und Gesellschaft* so häufig anzutreffende Idealisierung von Sprache zum fraglos bedeutungsidentischen Symbol. Hierdurch wird die wesentliche Einsicht freigelegt, daß *Sozialität ein prekärer, stets auch vom Scheitern bedrohter Prozeß* ist: „*Wenn* die speziellen Tendenzen des Organismus in diese umfassendere Struktur des Gesamtprozesses hineinpassen, ergibt sich die Wahrscheinlichkeit, daß die Dinge, die jede einzelne Handlung impliziert, in der Gegenwart existieren" (GA2:224, Herv. von mir).

Andererseits ist die Wirkungsmacht der Vergangenheit nicht zu verabsolutieren. Erstens wird die Gegenwart als emergente (wie zu sehen war) nie von dem ihr vorhergehenden Zustand vollständig determiniert; zweitens *existiert* die Vergangenheit nur als Rekonstruktion aus der Sicht der je neu entstandenen Gegenwart (denn nur die Gegenwart ist real).[101] Ihre Macht entleiht sie demnach immer in *dem* Maße einer sozialen Gegenwart, wie diese bereit ist, ihr Macht einzuräumen. Aus Meads Sicht werden folglich kulturell homogene Gesellschaften (unter dem Aspekt der *Stabilisierung von Sozialität*) der Tradition eine konstitutive Rolle zuschreiben, während multi- oder transkulturelle Gesellschaften nur in dem Maße *möglich* sind, in welchem ihre Mitglieder es schaffen, aus ihren jeweiligen kulturellen Kontexten eine aktuelle Sozialität

---

[100] „Memory images" oder „pictures we form of the past" (PP:29). Diese Formulierungen sollten daran erinnern, dass die alltägliche, individuelle Rekonstruktion der Vergangenheit nicht allein mit rationalen Mitteln bewerkstelligt wird, sondern dass es sich hierbei um einen integrativen Prozess von Begriffen, Bildern und somatischen (,Beginn von Muskelreaktionen') Momenten handelt. Die Vergangenheit wird also gleichermaßen mit symbolischen, ästhetischen und aisthetischen Mitteln rekonstruiert.

[101] „Die Vergangenheit, über die wir sprechen, liegt mit all ihren Eigenschaften in dieser Gegenwart" (PS:255).

entstehen zu lassen und von dort aus ihre Traditionen und Handlungsmuster entsprechend neu zu interpretieren. Dies hat einen unverkennbar utopistischen Beigeschmack. Da Gegenwarten (und hiermit vervollständigt sich die Darstellung der Zeitphilosophie Meads) stets im Hinblick auf eine Zukunft, also im Hinblick auf ein zu erreichendes Ziel, entstehen und von dieser organisiert werden,[102] erfordert Sozialität gemeinsam geteilte Handlungsziele (welche in pluralen Gesellschaften nicht unbedingt bestehen). Allerdings kann man im Sinne Meads eine Tendenz der Selbststabilisierung von Sozialität vermuten: denn jeder gelungene Moment der Erschaffung emergenter Sozialität ist ein Anlaß zur entsprechenden Neubewertung der Geschichte, die zu ihm geführt hat; jeder Moment gemeinsamer Gegenwart wird außerdem im nächsten Augenblick selbst ein Teil dieser Geschichte und verstärkt so die gemeinsame Erfahrungsbasis.

3.7 Biographie und Existenz: die Realität des ‚self' als Teil sozialer Wirklichkeit

Selbstverhältnisse, so wurde zu Beginn diese Kapitels mit Mead gezeigt, sind nie unmittelbar, sondern stets nur vermittelt über eine (soziale) Umwelt zu gewinnen. Die *Philosophie der Sozialität* mit ihrem Konzept der ‚objektiven Realität der Perspektiven' ist wesentlich eine Theorie der Entstehung sozialer Welten, ein Modell der flexiblen, fließenden, momenthaften (je in einer Gegenwart stattfindenden) Konstitution *objektiver* Strukturen aus der Interaktion von Individuen und ihren subjektiven Weltsichten heraus. Auch das ‚self' muß (im Interesse einer Rekonstruktion der Meadschen Theorie als Ganze) auf dem hohen sozialphilosophischen Niveau des späten Mead begriffen werden. Es ist, wie Mead schon früh formulierte, prinzipiell ein soziales Objekt wie andere auch. Nun kann man darüber hinaus erkennen, daß das ‚self' ein ausschließlich sozial *konstituiertes* Objekt ist: seine *Existenz ist eine genuin soziale.*[103]

---

[102] Gegenwarten sind, wie schon beim physischen Ding zu sehen, eine Ver-Gegenwärtigung der Zukunft mit den Mitteln der Vergangenheit. In der Kommunikation wird „die Zukunft tatsächlichen oder möglichen Verhaltens durch Symbole und die diesen entsprechenden Einstellungen repräsentiert, welche in der unmittelbaren Erfahrung des Individuums auftreten. Sie bringen die Surrogate der Objekte in die Erfahrung des Individuums, welche die Handlungen, die das Individuum initiiert, vollenden würden. Es ist eine vergegenwärtigte [represented] Zukunft, und diese konstituiert eine aktuelle Gegenwart [...]" (PS 156).

[103] Vgl. den Heideggerschen Begriff des ‚Mitseins', *Sein und Zeit*, Viertes Kapitel

Diese Schlußfolgerung in ihrer Radikalität nachzuvollziehen ist alles andere als eine Selbstverständlichkeit. Denn ein gewisser sehr europäischer, zentralperspektivischer Spiegeltrick möchte uns stets vorgaukeln, ein *bereits* existierendes Ich zu sein, das dann geformt (sozialisiert, erzogen), beeinflußt, veredelt (gebildet) wird bzw. sich diesen externen Einflüssen widersetzt, sie umformt, seine eigene Welt entwirft, sich selbst-sozialisiert, selbst-bildet, selbst entwirft. Dies sind fraglos wichtige und beobachtbare Prozesse, jedoch operieren sie vom Schema eines Subjekts aus, das vielmehr als eine *bereits* geschaffene soziale Form verstanden werden muß. Angesichts der enormen Formenvielfalt an Persönlichkeitsstrukturen, die sich sowohl in historischer Perspektive (Vernant 1998, Wiersing 1993, Weber 1996) als auch in ethnologischer (Ueda 1974, Geertz 1987, Nagasawa 1987) auffinden lassen, würde eine *historische Anthropologie der Selbstverhältnisse* die außerordentliche Relevanz der Meadschen Identitäts- und Sozialphilosophie bestätigen.

Begreift man das ‚self' als sozial konstituiertes Objekt, so erhält die gängige, vergleichsweise oberflächliche Lesart des Wechselspiel von ‚I'-,me'-‚self' eine völlig neue Aktualität im Rahmen moderner Identitätsdiskurse. Es ist im oben genannten Sinn eine ‚subjektive Perspektive' auf sich, die (zumindest im sozialen Kontext) objektiven Stellenwert (etwa Anerkennung) beansprucht. Das ‚self' konstituiert sich – wie die soziale Wirklichkeit, der es angehört – aufgrund einer Handlungskrise (deren Auslöser das Individuum selbst ist), welche eine ‚erstreckte Gegenwart' (Reflexionsphase) erzeugt, innerhalb derer seine Konstruktion durch Rekonstruktion *vergangener, biographischer* Erfahrungen im Hinblick auf einen *zukünftigen* Entwurf stattfindet. Die Realität dieses Entwurfs muß sich in der praktischen Ausführung erweisen (d. h., es zeigt sich erst in Handeln, ob der Selbst-Entwurf bloß subjektiv war oder objektiv/intersubjektiven Status hat und folglich einer gesellschaftlichen Realität angehört). „We all go through that process, and we realize that the self we want has to be realized through experience" (Mead 1938, PA:656).

Identität ist also auf dem Hintergrund der Meadschen Philosophie der Sozialität *erstens* ein durch symbolisch-biographische Rekonstruktion einerseits und bildhaften Selbst-Entwurf andererseits konstituiertes Gebilde, welches *zweitens* über den Entwurf als solchen hinaus keine Festigkeit beansprucht kann: es ist der diametrale Gegensatz zur kartesianischen substantialistischen Subjektvorstellung. Identität findet je in einer Gegenwart statt und erhält ihre temporale Konsistenz *gegebenenfalls*, nicht notwendigerweise, durch narrativ-biographische Selbstreflexion. Hierdurch läßt sich zugleich *sowohl* die Relevanz der aktuellen Beiträge der narrativen Biographietheorie (Meuter 1995, Kraus 1996, Straub (Hg.) 1998, Bruner 1999), die die klassische Identitätstheorie zu weiten Teilen beerbt hat, begreifen *als auch* die neuesten Veränderungen im Konstitutionsmodus von Identität, die mit den neuentstandenen Welten einhergehen (Turkle 1998, Jones (ed.) 1997, Marotzki 1997, Marotzki/Sandbothe (Hg.) 2000).

4. Kapitel: Identität und Selbst: objektive und andere Wirklichkeiten

> „Das Subjekt ist die Lüge, weil es um der Unbedingtheit der eigenen Herrschaft willen die objektiven Bestimmungen seiner selbst verleugnet; Subjekt wäre erst, was solcher Lüge sich entschlagen, was aus der eigenen Kraft, die der Identität sich verdankt, deren Verschalung von sich abgeworfen hätte."
>
> Adorno, Negative Dialektik

4.1 Mead und die ‚gesellschaftliche Konstruktion der Wirklichkeit' nach Berger/Luckmann

Meads Theorie der Sozialität geht, zumindest wenn man der oben vorgebrachten Rekonstruktion folgt, weit über Berger/Luckmanns klassische Theorie der gesellschaftlichen Konstruktion der Wirklichkeit (1980/1969) hinaus. Hätten wir Mead ausschließlich als Philosophen der gesellschaftlichen Kooperation (also institutionentheoretisch) gelesen, so wäre allerdings diese Behauptung nicht möglich. Berger/Luckmanns Theorie beschreibt das Entstehen von Institutionen als entlastende (zunächst mikro-) soziale Kooperationsroutinen, ganz im Sinne der Institutionentheorie Gehlens[104]. Der – zwar weit gefaßte – Begriff der Institution ist jedoch nicht so umfassend angelegt wie das Konzept der ‚objektiven Realität der Perspektiven'. Letzteres stellt eine veritable soziale Ontologie dar: außerhalb der so konstituierten objektiven Realität existiert keine andere objektive Realität; gemeinsame Perspektiven schaffen eine geschlossene, wiewohl historische und transformierbare, Totalität in dem Sinne, daß es kein Außen gibt, also auch kein Mehr oder Weniger an objektiver Determinierung. Anders bei Berger/Luckmann: wenn diese das Szenario einer total institutionalisierten Welt diskutieren (Berger/Luckmann 1980:84 ff.), so beschreiben sie damit eine totalitäre Gesellschaft, eine „Fundgrube für Alpträume" (ebd. S. 85), zu der (mindestens) ein logisches Gegenmodell existiert. Ohne den wissenssoziologischen Beitrag von Berger/Luckmann zu schmälern, muß man festhalten: insofern es per definitionem nicht zwei objektive Realitäten geben kann, diskutieren Ber-

---

[104] Berger/Luckmann 1980:61; vgl. Gehlen, *Urmensch und Spätkultur*, S. 42 ff.

ger/Luckmann ganz offenbar die (institutionentheoretische und phänomeno-logische) Konstruktion der *gesellschaftlichen* Wirklichkeit und *nicht* eine soziale Ontologie, als ‚gesellschaftliche Konstruktion *der* Wirklichkeit' überhaupt. In letzterem Fall hätten sie nämlich die *Dialektik* von ‚Individuum' und ‚Welt' in ihrer Konsequenz explizieren müssen; statt dessen finden wir doch eine vorgängige Objektivität (der gesellschaftlichen Kooperation bzw. Institutionen), die im Nachhinein vom Subjekt qua Sozialisation internalisiert wird. „Erfolgreiche Sozialisation" ist in diesem Sinne „ein hohes Maß an Symmetrie von objektiver und subjektiver Wirklichkeit" (ebd. S. 175), wobei objektive Wirklichkeit die vorgängige Institutionenstruktur und subjektive Wirklichkeit ‚Rollen'(-identität) im Sinne subjektiver Gegenstücke der Institutionen darstellen (ebd. S. 75). Sozialisation in diesem Sinne wäre tatsächlich der Prozeß einer *Prägung* eines vorgängig behaupteten Subjekts mittels einer als bereits und durch sich bestehend angenommenen Objektivität.

Diese Fassung des Zusammenhangs von Realität und Identität bleibt in zweierlei Hinsicht hinter der Meadschen Sozialphilosophie, zumindest in der hier vorgebrachten kritischen Erweiterung, zurück. Erstens *unterschätzt* sie den Beitrag des Individuums und damit die Reichweite der realitäts- und identitätskonstituierenden Dialektik[105], die weit mehr bedeutet als objektive Kooperationsroutinen und deren subjektive Pendants. Zweitens *überschätzt* sie die Bedeutung von Institutionen, verstanden als ‚eingefahrene' Konventionen, gegenüber dem wesentlich flexibleren und letztlich koordinationsmächtigeren Mechanismus der Perspektivenübernahme, welcher zwar auf Konvention beruht, jedoch den kreativen Beitrag des Subjekts angemessen berücksichtigt (s. o. zur Kreativität des ‚me', S. 83). In dieser doppelten Beschränkung wird der Blick gar auf andere, nichtsymbolische realitätskonstitutive Modi verstellt. Wir haben jedoch bei Mead sehen können, daß ‚subjektive Realität' nicht abkömmlich von objektiver ist, sondern *neben* dieser steht (insofern jederzeit eine subjektive Perspektive objektiv/intersubjektiv werden kann oder umgekehrt), und daß außerdem Meads Begriff der ‚privaten Perspektive' einem weiteren (nämlich präsymbolischen) Modus des In-der-Welt-Seins entspricht.

4.2 Subjektive Wirklichkeiten: objektive Möglichkeiten

Meads Theorie der Realitäts- und Identitätskonstitution ist ein außerordentlich offenes Modell der Dialektik von Individuum und Welt bzw. Gesell-

---

[105] Ich spreche hier vorsichtig von Dialektik und nicht von Interaktion, weil letzterer Terminus genau genommen bereits bestehende Akteure voraussetzt.

schaft. Ihm inhäriert die stete Möglichkeit, wo nicht Aufforderung, Erfahrungen und Impulse in subjektive Perspektiven zu transformieren und diese in den intersubjektiven Austausch einzubringen. Darin steckt *einerseits* ein antikonventionalistischer Fortschrittsgedanke, den Mead auch explizit propagiert (GIG, Kap. 27 und 28). Jede objektive Neuigkeit (jedes Moment der Emergenz) führt zu einer neuen objektiven Realität – und zwar möglichst zu einer rationaleren (im positiven Sinn), weil man sie im Hinblick auf eine „größere Gesellschaft" jenseits der „Vorurteile seiner Gemeinschaft" (GIG:262) entwirft.

Ein *anderer* Aspekt ist in unserem Zusammenhang jedoch von größerer Bedeutung: Jenseits des Vertrauens in den ‚Fortschritt' (dessen konkrete Ausprägung ohnehin nicht vorhersagbar ist) schreibt Meads Modell jedem sozialen Objekt eine unerschöpfliche Potentialität zu, die in den jeweils realisierten objektiven Perspektiven *grundsätzlich* nur bruchstückhaft erschlossen wird. Selbst die jeweiligen privaten oder subjektiven Perspektiven reichen nicht an den ‚Boden der Wirklichkeit' heran – weil die möglichen Perspektiven auf Objekte und Ereignisse unerschöpflich sind, also gar kein solcher ‚Boden' existiert, sondern statt dessen eine infinite dialektische Bewegung der Erfahrung, Perspektivenkonstitution und -übernahme stattfindet. Nicht-objektive Perspektiven, oder noch gar nicht erzeugte Perspektiven, gehen ein in einen *Möglichkeitsraum der Dinge* (soziale Objekte, soziale Realitäten, Identitäten), welcher aber seinerseits *als* Möglichkeitsraum *objektiv* existiert und jederzeit intersubjektive Wirklichkeiten bereitstellt.

Hiermit wird ein *Verhältnis* von symbolisch Aufgehobenem (sprich: Identifizierbarem) und Nicht-Identifizierbarem (als nicht intersubjektiv Realem) beschrieben, das zu Adornos Begriff des *Nichtidentischen* in Beziehung gesetzt werden kann, welcher freilich aus einer kritischen, jedoch zumindest quasi-normativen Perspektive[106] vorgestellt wurde:

> „Was ist, ist mehr, als es ist. Dies Mehr wird ihm nicht oktroyiert, sondern bleibt, als das aus ihm Verdrängte, ihm immanent. Insofern wäre das Nichtidentische die eigene Identität der Sache gegen ihre Identifikationen. Das Innerste des Gegenstandes erweist sich als zugleich diesem auswendig, seine Verschlossenheit als Schein, Reflex des identifizierenden, fixierenden Verfahrens." (Adorno, *Negative Dialektik*, S. 164)

> „Das Innere des Nichtidentischen ist sein *Verhältnis* zu dem, was es nicht selber ist und was seine veranstaltete, eingefrorene Identität mit sich ihm vorenthält."[107]

---

[106] Dies, insofern Adorno das Negative als das „Nichtseinsollende" auffaßt und damit implizit moralische Positionen bezieht; vgl. Theunissen 1983.

[107] Ebd., S. 165; mit der Hervorhebung möchte ich darauf hinweisen, daß das Nichtidentische nicht etwa seinerseits eine (verborgene) Entität darstellt wie etwa die ‚eigent-

Die ‚eigene Identität der Sache' läßt sich aber nicht ihrerseits identifikatorisch ergreifen (also als Begriff fassen, symbolisch codieren); sie ist dem symbolischen Zugriff entzogen. Ihr läßt es sich nach Adorno allein durch die dialektische Selbstnegation des Begriffs (bzw. des Denkens) nähern. Durch das Aufsprengen, Negieren des aufs äußerste geschärften Begriffs – das letztendliche Einsehen seiner prinzipiellen Unzulänglichkeit – entsteht ein Freiraum für eine neue Perspektive, die ihrerseits ebenfalls am Umschlagpunkt negiert wird. Die Begriffe treten in „Konstellation" (ebd., S. 164); indem sie einander negieren, entsteht eine ‚Lücke' im begrifflichen Funktionszusammenhang.

„Konstellationen allein repräsentieren, von außen, was der Begriff im Innern weggeschnitten hat, das Mehr, das er sein will so sehr, wie er es nicht sein kann. Indem die Begriffe um die zu erkennende Sache sich versammeln, bestimmen sie potentiell deren Inneres, erreichen denkend, was Denken notwendig aus sich ausmerzte." (ebd.)

Die Methode der ‚Konstellation' ist eine *Mimesis des Denkens an seinen Gegenstand.*[108] Sie ließe sich in unserem Kontext übersetzen als Vielfalt von Perspektiven auf soziale Objekte, wenn – und *nur* wenn – man dabei mitdenkt, daß die verschiedenen Perspektiven den Möglichkeitsraum des sozialen Objekts niemals ausschöpfen. Nur wenn die vorhandenen (konventionellen, institutionalisierten) Perspektiven sich als solche negieren, entsteht Raum für die Erfahrung des Neuen und damit für eine Emergenz des Neuen, die nicht sofort den vorhandenen Institutionen, Konventionen und Begriffen untergeordnet – d. h. rationalisiert – wird.

4.3 Nichtidentisches als nicht-symbolische[109] Realität

Ich habe in verschiedenen Abschnitten mit kritischem Blick auf Meads Spracherwerbstheorie die Körpergebundenheit der Sprache diskutiert (Kapitel 3.2) und möchte nun die Konsequenzen für die Meadsche Sozialontologie erörtern.

Gesellschaftliche Realität konstituiert sich i. S. Meads durch (intersubjektiv geteilte, handlungskoordinierende) sprachlich kodierte Kategorien, Werte,

---

liche' Sache, sondern strukturell dem soeben beschriebene Verhältnis von intersubjektiv-Realem und objektiv Möglichem analog ist.

[108] „Der Hegelsche spekulative Begriff errettet die Mimesis durch die Besinnung des Geistes auf sich selbst: Wahrheit ist nicht adaequatio sondern Affinität, und am untergehenden Idealismus wird, durch Hegel, dies Eingedenken der Vernunft an ihr mimetisches Wesen als ihr Menschenrecht offenbar." (Adorno, *Drei Studien zu Hegel*, S. 43)

[109] Der Begriff ‚Symbol' wird hier im Sinne des ‚Symbolischen Interaktionismus' verwendet.

Normen, Begriffe, etc. Wenn aber Sprache und mit ihr Intentionalität, wie zu sehen war, nicht a priori unabhängig vom Körper gedacht werden kann, sondern vielmehr grundlegende sozial geteilte Bedeutungen in körperlich-mimetischer Interaktion erworben werden, muß auch von der symbolisch konstituierten intersubjektiv-objektiven Realität behauptet werden, daß sie *qua* Symbolhaftigkeit im Körperlichen der Individuen wurzelt (vgl. dazu auch Johnson (1987) und v. a. Joas 1996, Kap. 3). Der Vorstellung einer sprachlich hergestellten Universalität ist, mag sie auch eine Denknotwendigkeit demokratischer Gesellschaften oder gar einer ‚Weltgesellschaft' darstellen, dann zu mißtrauen, wenn sie das Wesen menschlicher Sprache verkennt und einen Kommunikationsbegriff erschafft, der ihre präsemiotischen Momente ausblendet. Vielmehr müssen die universalen Begriffe auf ihre *qua Universalitätsanspruch* verdrängten Inhalte reflektieren, wenn sie ihren unbestrittenen Wert entfalten wollen.

Schon in Meads diversen Ausführungen zum Realitätsproblem erscheint der Widerspruch, daß sich einerseits Realität nur im intersubjektiven Handlungszusammenhang konstituieren soll, andererseits aber Mead der Kontaktrealität (Berührung von Gegenständen) fundamentale Bedeutung zuschreibt (Mead 1932c, GA2:237) und mit Bergson feststellt, daß „Bewußtsein eher eine Verminderung der Realität des Objektes und nicht etwas zusätzliches zur Realität des Objektes darstellt; diese Verminderung entspricht den aktiven Interessen des Organismus" und schneidet „das Wahrnehmungsobjekt gewissermaßen heraus" (Mead 1925, GA1:302) (was analog auf Gesellschaften und deren Interessenlagen übertragbar ist). Der Zusammenhang von körperlich vs. symbolisch konstituierter Realität bleibt jedoch bei Mead letztlich ungedacht.

Erkennt man das oben vorgetragene Argument an, daß die körperliche Fundierung der Sprache auch körperliche mitkonstituierte intersubjektive Realitäten erzeugt, so kann man folgern, daß neben der sprachlich erzeugten, insofern (zumindest potentiell) *bewußten* Wirklichkeit eine nicht minder bedeutungsvolle, aber i. d. R. nichtbewußte, dennoch ebenso objektive (intersubjektiv konstituierte) Realität existiert. Im Gegensatz zu ersterer bleibt letztere jedoch an Körper gebunden, also mehr oder weniger lokal begrenzt.[110]

Es ist nun ein geradezu systemischer Effekt, daß das Bewußtsein sich mit sich selbst identifiziert – nur das symbolisch faßbare wird mit symbolischen Mitteln erkannt. Auf diese Weise werden jedoch alle nichtsymbolischen (sprich: als solcher nicht bewußtseins*fähigen*) Aspekte und Wurzeln seiner

---

[110] Dies bedeutet nicht, daß sie weniger mächtig wären bezgl. der Konstitution gesellschaftlicher Realitäten; sie funktioniert nur anders. Vgl. zum Aspekt der körperlichen Realitätskonstitution im sozialen Handeln: Meyer-Drawe 1984; Gebauer/Wulf 1998:54 ff. und 270 ff.

selbst *als solche* in ihrer wirkungsmächtigen Ungreifbarkeit ignoriert. Die Hypostatis des selbstbewußten Ichs, wie etwa bei Locke zur Theorie geronnen, ist eine Folge seiner Struktur – genau aus diesem Grund ist die theoretische Fixierung auf Bewußtsein und Rationalität zu kritisieren, denn sie vollzieht diese Ausschlußbewegung nach. Auch Mead – und mit ihm die meisten seiner Rezipienten in Soziologie und Sozialpsychologie – können davon nicht freigesprochen werden. Jedoch bietet Mead selbst durch die stete Thematisierung körperlicher Aspekte vielfältige Ansatzpunkte zur *konstruktiven* Kritik. Seine Theorie sperrt sich nicht gegen Nichtidentisches, sondern vermag diesen Gedanken – jedenfalls ein gutes Stück weit – in sich bzw. ihre interpretativen Transformationen aufzunehmen. Beziehen wir diese Diskussion abschließend auf den Begriff subjektiver Identität im Sinne des Meadschen ‚self'.

4.4 Das Selbst als das Andere der Identität

Das sogenannte Nichtidentische ist der symbolisch operierenden Rationalität nicht greifbar – es ist ihr ‚Anderes'. Bewußt können wir es nicht erfassen, sondern lediglich in der beschriebenen Weise der ‚Konstellation' an es rühren. Diese Irreduzibilität des Anderen ist von größter Relevanz für den Umgang mit sich selbst: Adornos Formel vom ‚Eingedenken der Natur im Subjekt' können wir nun im Sinne eines *konstellativ-mimetischen Selbst-Verhältnisses* begreifen. Insofern ‚Selbst' nicht in romantischer oder existentialistischer Manier als Tiefe des eigenen, mit Heidegger (*Sein und Zeit*, S. 41) zu sprechen: ‚jemeinigen' Seins verstanden wird, sondern als eminent soziales Phänomen, treffen in dieser Auslegung die Vorwürfe gegen Horkheimer/Adorno, das Eingedenken ähnele dem Heideggerschen ‚Andenken des Seins' (Habermas 1995a:516) oder müsse als ‚Eingedenken des Todes' gedacht werden,[111] schwerlich zu.

---

[111] Schmidt 1987. Dies würde Horkheimer/Adorno nun tatsächlich in die Nähe Heideggers bringen. Dieser hypostasiert den Tod zur letzten Realität. Hingegen ist der Tod als Vorstellung oder Konzept, womöglich auch die Erfahrung des Sterbens, kulturell variabel, sogar von der Medizin- oder Biotechnik abhängig. Adorno ist in diesem wichtigen Punkt Heidegger voraus: „Der Tod aber wird zum Kern des Selbst, sobald es sich vollends auf sich reduziert. Hat es sich aller Qualitäten, als zufällig-tatsächlicher, entledigt, so erübrigt das im doppelten Sinn Armselige, daß es sterben muß: dann ist es tot. [...] Die Unvertretbarkeit des Todes wird für die Ontologie von Sein und Zeit zum Wesenscharakter von Subjektivität selbst; sie determiniert alle anderen Bestimmungen bis zum Übergang in jene Lehre von der Eigentlichkeit, die am Tod nicht nur ihr Maß, sondern ihr Ideal hat. Tod wird zum Wesenhaften des Daseins" (Adorno, *Jargon der Eigentlichkeit*, S. 504). „Aber der Tod ist in keinem Verstande rein; auch nichts Apodiktisches.

Im Sinne des Meadschen Perspektivengedankens ist das Selbst ein Gegenstand der Selbsterfahrung, also einer auf uns selbst gerichteten Perspektive (innerhalb einer Welt als *Vielheit* verschiedener Perspektiven und Objekte). Das ‚self' als gleichermaßen subjektiv erfahrenes wie objektiv wirkliches soziales Objekt konstituiert sich wie gesehen durch intersubjektiv-symbolische Perspektiven. Aber auch die anderen, nicht-objektiven bzw. nicht-identifizierbaren Perspektiven konstituieren Weltsichten – und damit auch Selbstverhältnisse innerhalb dieser besondern Welten. Der ‚privaten Perspektive' entspricht ein körperliches, präsymbolisches Selbst, wie es sich zunächst in der Ontogenese konstituiert. Die ‚subjektiven Perspektive' wird getrieben von der Phantasie und der Erfindungskraft des ‚I' und dem kreativen Potential des ‚me' (s. o.). In ihrem Entwurfcharakter konstituiert sie eine die symbolische Ordnung übersteigende, ‚transsymbolische' Welt – wie etwa die der Kunst – und ein dieser Sphäre entsprechendes ‚transsymbolisches Selbst', ähnlich dem von Charles Taylor als ‚expressivistisch' vorgestellten (s. Kap. 2).[112]

Dem Subjekt der rational-symbolisch konstituierten Welt (‚self') stehen diese Selbstverhältnisse uneinholbar gegenüber, denn dieses versteht – *identifiziert* – sich ausschließlich in symbolisch-sozialen Kategorien (‚me'). Das (präsymbolische oder transsymbolische) Selbst aber, welches sich aus symbolisch nicht auflösbaren (aisthetischen, ästhetischen, existentiellen) Weltbezügen ergibt, bildet in seiner Ungreifbarkeit innersubjektiv das *Andere* der Identität.

4.5 Selbst-Fremdheit und kritisch-mimetisches Selbstverhältnis

Mit solch einer Neubesetzung des romantischen Terminus ‚Selbst' und seinen hier vorgebrachten, im allgemeinen Verständnis positiv besetzten Konnotationen (Körperlichkeit, Kreativität und Differenz) kann leicht der Eindruck entstehen, das Nichtidentische überhaupt und speziell des Subjekts sei gleich-

---

[...] Wie manche niedere Organismen nicht im selben Sinne sterben wie die Höheren, so ist angesichts des Potentials der Verfügung über organische Prozesse, das Umriß gewinnt, der Gedanke einer Abschaffung des Todes nicht a fortiori abzutun. Sie mag sehr unwahrscheinlich sein; denken jedoch läßt sich, was existentialontologisch nicht einmal sich denken lassen dürfte" (ebd., S. 517 f.).

[112] Mit den Worten ‚transsymbolisch' möchte ich die subjektive Wirklichkeit, als Raum der Kreativität jenseits relativ geschlossener gesellschaftlicher Institutionen, charakterisieren. Das Ästhetische ist ja nicht unbedingt unsprachlich, jedoch übersteigt (transzendiert) es die üblichen sprachlichen Kontexte und ihre Implikationen; ebenso ist die kreative Manifestation der ‚Erfindung' zwar (sach-)logisch, übersteigt jedoch den vorgefundenen Horizont (vgl. GIG:262) und ist aus diesem Grund primär durch ästhetische Anteile (Vorstellungskraft, Phantasie) charakterisiert.

sam dessen ‚bessere Hälfte', ein ungehobener Schatz an Individualität, den es aus dem Würgegriff der identifizierenden, zur zweckrationalen Form geronnenen subjektiven Identität zu befreien gelte. Dem ist, wenn auch gerade Adorno oftmals diesen Eindruck zu erwecken scheint (vgl. das erste Kapitel der *Dialektik der Aufklärung*), nicht so. Körperlichkeit und Mimesis ohnehin, erst recht die menschliche Erfindungskraft haben Teil an Gewalt, Unfreiheit und blinder Selbsterhaltung (vgl. Wulf 1989b; Wimmer/Wulf/Dieckmann (Hg.) 1996). So konnte z. B. Foucault (1983) Marcuses (1995/1957) Befreiungsutopien die nüchterne, minutiös recherchierte Ansicht entgegengehalten, Sexualität sei nicht etwas zu Befreiendes, sondern selbst Teil der Maschinerie von Disziplinar- und Biomacht. Das Aggressionspotential, unser phylogenetisches Erbe (Leroi-Gourhan 1988:490; Wulf 1996b:78), äußert sich sowohl im Alltag als auch in den Kriegen, in der Ausnutzung von Machtpositionen oder im Straßenverkehr wie in der hochsublimierten und technologisierten Erfindung und Herstellung von Massenvernichtungswaffen. Wer ein Rousseausches Bild der menschlichen ‚Natur' bevorzugte, mußte sich durch Nietzsches und Freuds Einwürfe eines Besseren belehren lassen. Die Alterität des Anderen bzw. die Nichtidentität des Nichtidentischen beugt sich keinem gesellschaftlichen Kategoriensystem, gar einem ethisch-moralischen. Mit einem Wort: es wäre keine adäquate Lösung, aus der Kritik von Unterdrückung blinde Affirmation an das, was man für das jeweils Unterdrückte hielt, werden zu lassen – zumal man davon ausgehen kann, dieses fehlidentifiziert zu haben, insofern man seiner Fremdheit *begrifflich* habhaft werden wollte (sei es, um ein Objekt der Solidarität zu gewinnen). Das fremde Selbst, d. h. das Fremde, welches wir als Selbst für uns sind (sofern wir dieser Erfahrung gegenüber aufgeschlossen sind), erscheint nicht, um zu gefallen oder um Befreiungsideologien zu nähren; es ist, was es ist, ‚jenseits von Gut und Böse'.

Die Frage nach der Kompetenz eines Umgangs mit diesem Anderen (sei es intra- oder intersubjektiv) erfordert einen erweiterten Subjektbegriff, für den das Konzept der *Selbstfremdheit* fruchtbar gemacht werden kann:

> „Wenn die Frage nach dem Anderen die nach dem Eigenen und die Frage nach dem Eigenen die nach dem Anderen beinhaltet, dann sind Prozesse der Verständigung zwischen Fremdem und Eigenem immer auch Prozesse der Selbstthematisierung und Selbstbildung. Wenn sie gelingen, führen sie zur Einsicht in die Nicht-Verstehbarkeit des Fremden und bewirken Selbstfremdheit. [...] Bemühungen um die Erhaltung des Fremden im menschlichen Inneren und in der Außenwelt wären dann notwendige Gegenbewegungen gegen einen Differenzen nivellierenden Globalismus." (Gebauer/Wulf 1998:244)

Die Erfahrung und Bewahrung der Selbstfremdheit ist ein ‚Eingedenken der Natur im Subjekt' (Horkheimer/Adorno 1989/1944:47), ein selbstkritischer Leitbegriff der Vernunft. Statt des problematischen Rückgriffs auf Natur jedoch zeichnet sich nun angesichts der entfalteten Typologie von Selbstverhältnissen ein genaueres Bild dessen, was sich unter dieser Metapher verstehen ließe, ab: im Sinne des Gedankens der Konstellation bedeutet das Eingedenken eine Praxis des *kritisch-mimetischen Selbstbezugs* in den hier vorgestellten Dimensionen des Aisthetischen, Ästhetischen[113] und des Existentiellen. Das pädagogische Ziel eines solchen Modells wäre nicht, wie in der Erziehungswissenschaft der siebziger Jahre, ein Identitätsdarsteller (vgl. Krappmann 1971), sondern es zielt auf Vermeidung der Ausgrenzung der über Rationalität hinausgehenden Anteile der Persönlichkeit und die entsprechende eingeschränkte Welt- und Fremdsicht (Fritzsche 1996). Die drei Kritikfiguren seien kurz skizziert:

Aisthetische Selbstkritik bedeutet Aufmerksamkeit gegenüber den körperlichen, sinnlichen und emotionalen Aspekten der Außen- und Innenwahrnehmung. Unter Bedingungen der Disziplinierung wird genau diese Ebene *anästhesiert*; Disziplinierung bedeutet das Ignorieren körperlicher und emotionaler Bedürfnisse und Wahrnehmungen bis hin zu ihrer völligen Ausblendung. Sozialität jedoch im Sinne einer von den Individuen ausgehenden flexiblen Ordnung ist angewiesen auf Empathie. Gunter Gebauer (1996:193 f.) hat diesen Aspekt bezüglich des Leidens und der körperlichen Verletzbarkeit hervorgehoben: Es „ist die Familienähnlichkeit der Leidensmöglichkeiten, die eine Ähnlichkeit zwischen den Menschen einsehbar macht." – „Die Bedingung des Verstehens anderer Menschen ist die Verletzbarkeit ihrer Körper." Die suggestive Kraft der Rationalisierung von Gefühlslagen dient hingegen häufig der Verdrängung berechtigter Intuitionen – aisthetische Selbstkritik besteht also in der forcierten Frage danach, ob die sinnlichen und emotionalen Wahrnehmungen den symbolischen Situationsdefinitionen entsprechen bzw. diese vielmehr in Frage stellen.[114] *Umgekehrt* vermögen symbolisch geleitete Vermittlungsprozesse überkommene Muster der intuitiven Wahrnehmung wenigstens teilweise zu revidieren (wie dies aus psychotherapeutischen Prozessen bekannt ist).

---

[113] Zur Differenzierung von Aisthesis und Ästhetik vgl. Ehrenspeck (1996).

[114] Ein deutliches Beispiel für die Notwendigkeit aisthetischer Selbstkritik bietet das berühmte Milgram-Experiment. Die Probanden schrieben der wissenschaftlichen Rationalität der für sie inszenierten Versuchsanordnung einen so hohen Stellenwert zu, daß sie auf dieser Basis den vermeintlichen Versuchspersonen tödliche Stromstöße erteilten. Je unmittelbarer dabei die körperlichen Leidensäußerungen und Schreie der Opfer wahrgenommen wurden, desto eher wurde die rationale Konstruktion zurückgewiesen (bei Berührungsnähe widersetzten sich 70%, in der Fernraum-Anordnung nur 35% dem Versuchsleiter; Milgram (1982:52) nach Reich (1998:24)). Auf der Basis aisthetischer Selbstkritik, die den anästhesierenden Rationalisierungen und Disziplinierungen entgegenwirkt, wären solche und ähnliche scheinbar rationale Unternehmungen – wie etwa auch ein Großteil der Laborexperimente an lebenden ‚Objekten' – nahezu undenkbar.

Ästhetische Selbstkritik (die sich nicht immer scharf von der aisthetischen trennen läßt) besteht in der Reflexion des Habitus (im Bourdieuschen Sinn als Erzeugungsprinzip von Geschmacksurteilen und entsprechender sozialer Praxis gedacht, vgl. Bourdieu 1987). Sie ist ein wesentliches Moment der Entwicklung interkultureller oder auch intersubkultureller Toleranz, denn sie erschüttert die Selbstverständlichkeit unserer alltäglich angewendeten ästhetischen Kategorien und Einstellungen[115] (wenigstens für den Augenblick ihrer Reflexion), welche ansonsten im Dienst der sozialen Distinktion ein unhinterfragtes Schema von Be- und Verachtenswertem zur Anwendung bringt. Damit durchbricht sie den Kreislauf der habituellen Selbst-Determination, der gewohnheitsmäßigen Selbstbeschränkung der Wahrnehmung. Eine solche Kritik kann durch symbolische Vermittlung – Kenntnisnahme der habituellen Erzeugungsprinzipien und ihrer letztendlichen Unbegründetheit – erreicht werden:

> „Wie die Stoiker zu sagen pflegten: Über die erste Regung vermögen wir nichts, wohl aber über die zweite. Die erste Neigung des Habitus ist schwer zu kontrollieren, aber die reflexive Analyse, die uns lehrt, daß wir selber der Situation einen Teil der Macht geben, die sie über uns hat, ermöglicht es uns, an der Veränderung unserer Wahrnehmung der Situation und damit unserer Reaktion zu arbeiten. Sie versetzt uns in die Lage, bestimmte Bedingtheiten, die durch das Verhältnis der unmittelbaren Übereinstimmung von Position und Disposition zum Tragen kommen, bis zu einem gewissen Punkt zu überwinden." (Bourdieu/Wacquant 1996:170)

Existentielle Selbstkritik bedeutet in einer enttraditionalisierten Welt, daß die selbstreflexive Konstitution von Identität sich nicht (jedenfalls nicht unbeabsichtigt) in den Kontingenzen des Jetzt, der aktuellen Situation und ihrer jeweiligen Anforderungen an Selbstbild und Selbstdarstellung, erschöpft. Eine soziale Gegenwart, die zunehmend auf der Basis medienvermittelter Inhalte hergestellt wird (Meyrowitz 1987; Welsch 1995; Hurrelmann 1999), läuft Gefahr, das oben anhand der Meadschen Zeitphilosophie explizierte *Entwurfsmoment* zu untergraben (und überhaupt die Geschichtlichkeit des Individuums (Angehrn 1985) in einer Weise zu kappen, die durch bloße Informationsvermittlung etwa im Geschichtsunterricht kaum einholbar sein dürfte). Die Existenz gerät in eine simulierte Flächigkeit; vergessen wird die Einmaligkeit – und die hierin liegende Chance – des eigenen Daseins. Auch wenn die Vorstellung eines *eigentlichen Selbst* eine Chimäre ist (und die vorliegende Untersuchung wurde nicht zuletzt durch die Frage nach dem, was diese Chimäre nach ihrer Demaskierung hinterließ, motiviert), was bedeutet, daß jede Wahl sozial vermittelt ist, darf doch ihre existentielle Dimension nicht durch die Beruhigung an symbolischen Ordnungen und bestehenden gesell-

---

[115] Vgl. auch die einschlägige und immer noch ausgesprochen informative Untersuchung von Martin Seel (1985).

schaftlichen Organisationsformen und Institutionenstrukturen verdrängt werden. Wenn auch der Tod als ‚letzte Seinsmöglichkeit' nicht das Absolutum ist, als das Heidegger es darstellte (Adorno, *Negative Dialektik*, S. 364) – und kaum zur sinnstiftenden Orientierungsinstanz taugt, so führt doch die Anästhesierung der Existenz als solcher zum Verlust der Würdigung auch des Augenblicks (Bittner 1995), dessen Fortschreiten unser Leben ausmacht und sich als Biographie kristallisiert, und zum Verlust des *Möglichkeitssinns* als Vermögen einer Phantasie des Selbstentwurfs. Zugleich mit dem Sinn für die eigene Existenz verliert sich aber notwendig das Gefühl für die Existenz des Anderen. Deswegen ist die Ästhetik der Existenz zugleich eine Ethik des Selbst und des Anderen (vgl. Wulf/Kamper/Gumbrecht (Hrsg.) 1994).

4.6 Ausblick

Ist nun der Begriff der Identität (im Sinne des Meadschen ‚self') obsolet geworden angesichts der innersubjektiven Alterität? Meines Erachtens: keineswegs. Im Gegenteil sind die Kompetenzen des ‚self' unverzichtbarer denn je, vorausgesetzt, daß es sich als *Moment* zu verstehen in der Lage ist.

Zum einen ist die Praxis einer kritischen Einstellung sowohl *ausgehend* von den oben genannten Erfahrungsbereichen als auch diesen *gegenüber* an die Fähigkeit zu differenzierter Wahrnehmung und Erfahrung gebunden. Im Sinne einer *kritiké téchnē* als Beurteilungskunst ist auch und gerade unter postmodernen Bedingungen Bildungsarbeit in diesem Sinne (nicht nur wie üblich als Vermittlung kultureller und technischer Wissensbestände, sondern als aisthetische, ästhetische und die eigene Existenz bewußt machende Bildung) unverzichtbar. Wenn auch die Prädominanz eines auf Einheit und durchgehende Selbst-Transparenz abzielenden Subjektbegriffs (wie in der klassischen Bildungsphilosophie, aber auch in der identätsorientierten Erziehungswissenschaft seit den siebziger Jahren) nicht mehr wünschbar ist: so ist doch das Individuum, solange es überhaupt ein solches ist, Zentrum einer weltschaffenden Differenzierungsaktivität, mag diese Aktivität auch das Zentrum selbst ständig (im Laufe des Lebens) verschieben. Genau dies unterscheidet auch heute noch pathologische Desintegrationsformen der Persönlichkeit von den postmodernen Persönlichkeitsformen (Kraus/Mitzscherlich 1995; Turkle 1998:424 f.), wie sie mit den Metaphern ‚Patchwork-Identitiy', Identitätsspieler, ‚flexible Self', ‚dividuelles Subjekt' etc. umschrieben werden.

Zum andern darf der enge Zusammenhang der hier idealtypisch isolierten Momente nicht übersehen werden. So basieren de facto auch nicht-symbolisch vermittelte Selbstverhältnisse nicht zuletzt auf gesellschaftlich bzw. kulturell vermittelten Gehalten (s. z. B. oben zur Kreativität des ‚me'): Kreativität und ästhetisches Gefühl existieren nicht jenseits unseres rationalen ‚self‘, sondern bauen teilweise auf diesem auf (vgl. Sousa 1997). Auch das ‚körperlich-präsymbolische Selbst‘ steht nicht in Opposition zum ‚self‘, insofern letzteres sich diesem (ontogenetisch) verdankt. Wenn sich eine innersubjektive Kommunikation wie oben angedeutet in Form aisthetischer, ästhetischer und existentieller Selbstkritik einstellte, so träte das rationale, bewußte *self* in eine infinite Bewegung der Selbst-Annäherung ein. Diese Annäherungsbewegung, die eine *kreative Anähnlichung* an eine Struktur ist, welche sich diesem Prozeß überhaupt erst verdankt (die Nachfolge des ‚eigentlichen Selbst‘ der Romantiker und Existentialisten) – eine Möglichkeitsstruktur also –, intendiert der Ausdruck des kritisch-mimetischen oder konstellativ-mimetischen Selbst bzw. Selbstverhältnisses.

Die Frage, ob „heute die Rede vom ‚Subjekt‘ nur noch Nostalgie oder Ideologie der fortgeschrittenen Tauschgesellschaft ist oder gegenüber dieser eine kritische Funktion erfüllen kann“ (Geulen 1999:46), wäre in diesem Sinne beide Male zu bejahen. ‚Das Subjekt‘ ist sicherlich die mittlerweile entlarvte Ideologie einer bestimmten Entwicklungsphase der bürgerlichen Tauschgesellschaft. Subjektivität ist aber auch eine unhintergehbare Instanz der Kritik. Diese Paradoxie erfordert einen offensiven Umgang. Man kann in erziehungswissenschaftlicher und sozialisationstheoretischer Hinsicht auf den Begriff der subjektiven Identität nicht verzichten, weil damit *ein Moment* der beschriebenen Dialektik von Identität und Selbst bzw. Subjekt und Anderem wegfiele. In diesem Sinn vielleicht schrieb Adorno (*Negative Dialektik*, S. 152): „Durch ihre Kritik verschwindet Identität nicht; sie verändert sich qualitativ.“ Aus dem Gegensatz, welcher beide in ein Spannungsverhältnis bringt, würde bloße Indifferenz – diese jedoch bedeutete in der Tat das Ende des Subjekts wie auch die Nivellierung der Welt. Jedoch ist die Einsicht – auch und gerade in der handlungstheoretischen Perspektive – ebenso nötig, daß das überwiegend in kommunikativ-rationaler Hinsicht verstandene Individuum keinen vollständigen Subjektbegriff, sondern vielmehr eine quasimetaphysische Reduktion darstellt. Analog der Vorstellung subjektiver Identität ändert sich auch der Begriff subjektiver Autonomie. Eingedenk der Wirkungsmacht anderer Realitäten als der kommunikativ-kooperativ konstituierten ist ein Subjektbegriff gefragt, in dessen Zentrum ein doppelseitiges und mehrfach (aisthetisch, symbolisch, ästhetisch, existentiell) vermitteltes Selbstverhältnis steht: erstens des kritischen Umgangs des ‚self‘ mit der eigenen Rationalität und zweitens des Umgangs mit dem eigenen und dem fremden Anderen.

Siglen

GA1 = Mead, George Herbert (1987a): *Gesammelte Aufsätze. Bd.1.* Frankfurt/Main

GA2 = Mead, George Herbert (1987b): *Gesammelte Aufsätze. Bd.2.* Frankfurt/Main

GIG = Mead, George Herbert (1973): Geist, Identität und Gesellschaft aus der Sicht des Sozialbehaviorismus. Frankfurt/Main [10]1995

KdpV = Kant, Immanuel (1983b): Kritik der praktischen Vernunft. In: ders., *Werke Bd.6: Schriften zur Ethik und Religionsphilosophie. Erster Teil.* Darmstadt

KdrV = Kant, Immanuel (1983a): Kritik der reinen Vernunft. Werke Bd. 3 & Bd.4. Darmstadt

PA = Mead, George Herbert (1938): *Philosophy of the Act.* Edited by Charles W. Morris with John M. Brewster, Albert M. Dunham and David Miller. Chicago

PP = Mead, George Herbert (1932a): *Philosophy of the Present. (Edited by Arthur E. Murphy).* Chicago

PS = Mead, George Herbert (1969): *Philosophie der Sozialität. Aufsätze zur Erkenntnisanthropologie.* Frankfurt/Main

Literaturverzeichnis

Adorno, Theodor W. (1970): Ges. Schriften Bd.6: *Negative Dialektik. Jargon der Eigentlichkeit.* Frankfurt/Main [5]1996

Adorno, Theodor W. (1974): *Drei Studien zu Hegel.* Frankfurt/Main [4]1991

Angehrn, Emil (1985): *Geschichte und Identität.* Berlin, New York

Barkhaus, Annette; Mayer, Matthias; Roughley, Neil e.a. (Hrsg.) (1996): *Identität, Leiblichkeit, Normativität. Neue Horizonte anthropologischen Denkens.* Frankfurt/Main

Baudrillard, Jean (1982): *Der symbolische Tausch und der Tod.* München

Beck, Elke (1991): *Identität der Person. Sozialphilosophische Studien zu Kierkegaard, Adorno und Habermas.* (=Epistemata, Reihe Philosophie. 94). Würzburg

Beck, Ulrich (1986): *Risikogesellschaft. Auf dem Weg in eine andere Moderne.* Franfurt/Main [10]1993

Beck, Ulrich; Beck-Gernsheim, Elisabeth (Hrsg.) (1994): *Riskante Freiheiten.* Frankfurt/Main

Bender, Christiane (1989): *Identität und Selbstreflexion. Zur reflexiven Konstruktion der sozialen Wirklichkeit in der Systemtheorie von N. Luhmann und im symbolischen Interaktionismus von G. H. Mead.* (=Europäische Hochschulschriften, Reihe 22. 175). Frankfurt/Main

Berger, Peter L.; Luckmann, Thomas (1980): *Die gesellschaftliche Konstruktion der Wirklichkeit. Eine Theorie der Wissenssoziologie.* Frankfurt/Main

Bergmann, Walter (1981): Zeit, Handlung und Sozialität bei G.H. Mead. In: *Zeitschrift für Soziologie* 10,4 (1981), S. 351-363

Bittner, Günther (1995): *Das Sterben denken um des Lebens willen.* Frankfurt/Main

Blankertz, Herwig (1982): *Die Geschichte der Pädagogik. Von der Aufklärung bis zur Gegenwart.* Wetzlar

Böhme, Gernot (1996): Selbstsein und derselbe sein. Über ethische und sozialtheoretische Voraussetzungen von Identität. In: *Barkhaus, Mayer, Roughley e.a. (Hrsg.) 1996,* S. 322-340

Bolton, Charles D. (1981): Some Consequences of the Meadian Self. In: *Symbolic Interaction* 4,2 (1981), S. 245-259

Bourdieu, Pierre (1987): *Die feinen Unterschiede. Kritik der gesellschaftlichen Urteilskraft.* Frankfurt/Main

Bourdieu, Pierre; Wacquant, Loïc J. D. (1996): *Reflexive Anthropologie.* Frankfurt/Main

Bruner, Jerome S. (1999): Self-Making and World-Making. Wie das Selbst und seine Welt autobiographisch hergestellt werden. In: *Journal für Psychologie* 7,1 (1999), S. 11-21

Buck, Günther (1984): *Rückwege aus der Entfremdung. Studien zur Entwicklung der deutschen humanistischen Bildungsphilosophie.* Paderborn, München

Cassirer, Ernst (1989): Das Problem Jean-Jacques Rousseau. In: Cassirer, Ernst; Starobinski, Jean; Darnton, Robert: *Drei Vorschläge, Rousseau zu lesen.* Frankfurt/Main 1989

Dahrendorf, Ralf (1968): *Homo Sociologicus. Ein Versuch zur Geschichte, Bedeutung und Kritik der Kategorie der sozialen Rolle.* Köln, Opladen

Darwin, Charles (1872): *The Expression of the Emotions in Man and Animals.* New York

Deneke, Friedrich-Wilhelm (1989): Das Selbst-System. In: *Psyche* 43,7 (1989), S. 577-608

Derrida, Jacques (1990): Die différance. In: Engelmann, Peter (Hrsg.): *Postmoderne und Dekonstruktion. Texte französischer Philosophen der Gegenwart.* Stuttgart 1990, S. 76-113

Descartes, René (1996): *Philosophische Schriften in einem Band.* Hamburg

Dewey, John (1896): The Reflex Arc Concept in Psychology. In: *Psychological Review* 3 (1896), S. 357-370

Döbert, Rainer; Habermas, Jürgen; Nunner-Winkler, Gertrud (Hrsg.) (1977): *Entwicklung des Ichs.* Köln

Döbert, Rainer; Nunner-Winkler, Gertrud (1975): *Adoleszenzkrise und Identitätsbildung. Psychische und soziale Aspekte des Jugendalters in modernen Gesellschaften.* Frankfurt/Main

Dornes, Martin (1995): Wahrnehmen, Fühlen, Phantasieren. Zur psychoanalytischen Entwicklungspsychologie der ersten Lebensjahre. In: Koch, Gertrud (Hrsg.): *Auge und Affekt. Wahrnehmung und Interaktion.* Frankfurt/Main, S. 15-38

Dreitzel, Hans Peter (1968): *Die gesellschaftlichen Leiden und das Leiden an der Gesellschaft. Vorstudien zu einer Pathologie des Rollenverhaltens.* Stuttgart

Edelstein, Wolfgang; Keller, Monika; Wahlen, Karl (1982): Entwicklung sozial-kognitiver Prozesse: Eine theoretische und empirische Rekonstruktion. In: *Geulen (Hrsg.) 1982*, S. 181-204

Ehrenspeck, Yvonne: Aisthesis und Ästhetik. Überlegungen zu einer problematischen Entdifferenzierung. In: Mollenhauer, Wulf (Hrsg.): *Aisthesis/Ästhetik. Zwischen Wahrnehmung und Bewußtsein.* Weinheim 1996

Erickson, Milton H.; Rossi, Ernest L. (1991): *Der Februarmann. Persönlichkeits- und Identitätsentwicklung in Hypnose.* Paderborn

Erikson, Erik H. (1973): *Identität und Lebenszyklus. Drei Aufsätze.* Frankfurt/Main [16]1997

Feffer, Melvin H.; Gourevich, Vivian (1982): Kognitive Aspekte der Perspektivenübernahme bei Kindern. In: *Geulen (Hrsg.) 1982*, S. 205-222

Fichte, Johann Gottlieb (1969): *Ueber den Begriff der Wissenschaftslehre (1974). Grundlage der gesammten Wissenschaftslehre (1974/95)*. Werke I,2 (Teilausgabe). Stuttgart-Bad Cannstatt

Fichte, Johann Gottlieb (1977): *Das System der Sittenlehre (1798). Werke I,5*. Stuttgart-Bad Cannstatt

Filipp, Sigrun-Heide (Hrsg.) (1979): *Selbstkonzept-Forschung. Probleme, Befunde, Perspektiven*. Stuttgart

Foucault, Michel (1973): *Archäologie des Wissens*. Frankfurt/ Main

Foucault, Michel (1976): *Mikrophysik der Macht*. Berlin

Foucault, Michel (1983*): Sexualität und Wahrheit. Bd.1: Der Wille zum Wissen*. Frankfurt/Main [5]1991

Foucault, Michel (1987): Das Subjekt und die Macht. In: Dreyfus, Hubert L.; Rabinow, Paul: *Michel Foucault. Jenseits von Strukturalismus und Hermeneutik*. Frankfurt/Main 1987, S. 241-261

Foucault, Michel (1991): *Überwachen und Strafen. Die Geburt des Gefängnisses*. Frankfurt/Main

Foucault, Michel (1993): *Die Ordnung der Dinge. Eine Archäologie der Humanwissenschaften*. Frankfurt/Main

Frank, Manfred (1986): *Die Unhintergehbarkeit von Individualität. Reflexionen über Subjekt, Person und Individuum aus Anlaß ihrer ›postmodernen‹ Toterklärung*. Frankfurt/Main [4]1997

Frank, Manfred (Hrsg.) (1991): *Selbstbewußtseinstheorien von Fichte bis Sartre*. Frankfurt/Main [2]1993

Frank, Manfred (1991): Fragmente einer Geschichte der Selbstbewußtseins-Theorie von Kant bis Sartre. In: *Frank (Hrsg.) 1991*, S. 413-599

Frege, Gottlob (1967): Über Sinn und Bedeutung. In: ders., *Kleine Schriften*. Darmstadt

Freud, Sigmund (1923): Das Ich und das Es. In: ders., *Das Ich und das Es. Metapsychologische Schriften*. Frankfurt/Main 1992

Frey, Hans-Peter; Haußer, Karl (Hrsg.) (1987): *Identität. Entwicklungen psychologischer und sozialer Forschung*. Stuttgart

Fritzsche, Thomas (1996): *Halbierte Wirklichkeit. Über das Verhältnis der Pädagogik zur Negativität*. Weinheim

Gadamer, Hans-Georg (1973): Hegels Dialektik des Selbstbewußtseins. In: Fulda, Hans Friedrich; Henrich, Dieter (Hrsg.): *Materialien zu Hegels ›Phänomenologie des Geistes‹*. Frankfurt/Main [8]1992

Gallagher, Shaun; Meltzoff, Andrew N. (1996): The earliest sense of self and others: Merleau-Ponty and recent developmental studies. In: *Philosophical Psychology* 9,2 (1996), S. 211-233

Gamm, Gerhard (1986): *Wahrheit als Differenz. Studien zu einer anderen Theorie der Moderne*. Frankfurt/Main

Gebauer, Gunter (1988): Auf der Suche nach der verlorenen Natur oder: Die unsichtbare Hand des Lehrers. In: ders. (Hrsg.): *Körper- und Einbildungskraft. Inszenierungen des Helden im Sport.* Berlin 1988

Gebauer, Gunter (Hrsg.) (1998): *Anthropologie.* Leipzig

Gebauer, Gunter (1998): Hand und Gewißheit. In: *Gebauer (Hrsg.) 1998*, S.250-274

Gebauer, Gunter; Wulf, Christoph (1992): *Mimesis. Kultur – Kunst – Gesellschaft.* Reinbek bei Hamburg [2]1998

Gebauer, Gunter; Wulf, Christoph (1998): *Spiel – Ritual – Geste. Mimetisches Handeln in der sozialen Welt.* Reinbek bei Hamburg

Geertz, Clifford (1987): *Dichte Beschreibung. Beiträge zum Verstehen kultureller Systeme.* Frankfurt/Main

Gehlen, Arnold (1986): *Urmensch und Spätkultur. Philosophische Ergebnisse und Aussagen.* Wiesbaden

Gergen, Kenneth (1998):Erzählung, moralische Identität und historisches Bewußtsein. Eine sozialkonstruktionistische Darstellung. In: *Straub (Hrsg.) 1998*, S. 170-202

Geulen, Dieter (1980): Die historische Entwicklung sozialisationstheoretischer Paradigmen. In: Klaus Hurrelmann, Dieter Ulich (Hrsg.): *Handbuch der Sozialisationsforschung.* Weinheim, Basel 1980, S. 15-50

Geulen, Dieter (Hrsg.) (1982): *Perspektivenübernahme und soziales Handeln. Texte zur sozial-kognitiven Entwicklung.* Frankfurt/ Main

Geulen, Dieter (1982): Soziales Handeln und Perspektivenübernahme. In: *Geulen (Hrsg.) 1982*, S. 24-72

Geulen, Dieter (1989): *Das vergesellschaftete Subjekt. Zur Grundlegung der Sozialisationstheorie.* Frankfurt/Main (zuerst 1977)

Geulen, Dieter (1999): Subjekt-Begriff und Sozialisationstheorie. In: Leu, Hans Rudolf; Krappmann, Lothar: *Zwischen Autonomie und Verbundenheit. Bedingungen und Formen der Behauptung von Subjektivität.* Frankfurt/Main 1999, S. 21-48

Giddens, Anthony (1992): *Modernity and Self-Identity. Self and Society in the Late Modern Age.* Oxford

Goffman, Erving (1975): *Stigma. Über Techniken der Bewältigung beschädigter Identität.* Frankfurt/Main [12]1996

Goodman, Nelson (1990): *Weisen der Welterzeugung.* Frankfurt/Main [4]1998

Gouldner, A. (1974): *Die westliche Soziologie in der Krise.* Reinbek b. Hamburg

Habermas, Jürgen (1969): Arbeit und Interaktion. Bemerkungen zu Hegels Jenenser ‚Philosophie des Geistes'. In: ders., *Technik und Wissenschaft als ‚Ideologie'.* Ff/M [17]1989, S. 9-47

Habermas, Jürgen (1973): Stichworte zur Theorie der Sozialisation. In: ders., *Kultur und Kritik. Verstreute Aufsätze.* Frankfurt/Main 1973, S. 118-194

Habermas, Jürgen (1976): Moralentwicklung und Ich-Identität. In: ders., *Zur Rekonstruktion des historischen Materialismus.* Frankfurt/Main

Habermas, Jürgen (1992): Individuierung durch Vergesellschaftung. Zu G. H. Meads Theorie der Subjektivität. In: ders., *Nachmetaphysisches Denken. Philosophische Aufsätze.* Frankfurt/ Main, S. 187-241

Habermas, Jürgen (1995a): *Theorie des kommunikativen Handelns.* Bd.1. Handlungsrationalität und gesellschaftliche Rationalisierung. Frankfurt/Main (zuerst 1985)

Habermas, Jürgen (1995b): *Theorie des kommunikativen Handelns.* Bd.2. Zur Kritik der funktionalistischen Vernunft. Frankfurt/Main (zuerst 1985)

Hack, L. (1977): *Subjektivität im Alltagsleben.* Frankfurt/M.

Hauser, Christian (1994): *Selbstbewußtsein und personale Identität. Positionen und Aporien ihrer vorkantischen Geschichte: Locke, Leibniz, Hume und Tetens.* (=Forschungen und Materialien zur deutschen Aufklärung, Abt. II: Monographien. 7). Stuttgart-Bad Cannstatt

Haußer, Karl (1995): *Identitätspsychologie.* Berlin, Heidelberg, New York

Hegel, Georg Wilhelm Friedrich (1986a): Differenz des Fichteschen und Schellingschen Systems der Philosophie. In: *ders., Jenaer Schriften 1801-1807.* (=Werke 2). Frankfurt/Main, S. 9-138

Hegel, Georg Wilhelm Friedrich (1986b): *Phänomenologie des Geistes.* (= Werke 3). Frankfurt/Main [2]1989

Heidegger, Martin (1993): *Sein und Zeit.* Tübingen *(zuerst 1927)*

Helsper, Werner (1989): *Selbstkrise und Individuationsprozeß. Subjekt- und sozialisationstheoretische Entwürfe zum imaginären Selbst der Moderne.* Opladen

Henrich, Dieter (1967): *Fichtes ursprüngliche Einsicht.* Frankfurt/Main

Henrich, Dieter (1970): Selbstbewußtsein. Einleitung in eine kritische Theorie. In: Bubner, Rüdiger; Cramer, Konrad; Wiehl, Reiner (Hrsg.), *Hermeneutik und Dialektik. Aufsätze I.* Tübingen 1970

Henrich, Dieter (1979): ‚Identität' – Begriffe, Probleme, Grenzen. In: *Marquard, Stierle (Hrsg.) 1979*, S.133-186

Herder, Johann Gottfried (1778): Übers Erkennen und Empfinden in der menschlichen Seele. In: Müller, Peter (Hrsg.): *Sturm und Drang. Weltanschauliche und ästhetische Schriften. Bd. 1.* Berlin, Weimar 1978

Hildt, Elisabeth (1996): *Hirngewebetransplantation und personelle Identität.* Berlin

Hirschberger, Johannes (1991): *Geschichte der Philosophie. Band II: Neuzeit und Gegenwart.* Freiburg, Basel, Wien

Hitzler, Ronald; Honer, Anne (1994): Bastelexistenz. Über subjektive Konsequenzen der Individualisierung. In: *Beck, Beck-Gernsheim (Hrsg.) 1984*, S.307-315

Holl, Jann (1972): *Kierkegaards Konzeption des Selbst. Eine Untersuchung über die Voraussetzungen und Formen seines Denkens.* Meisenheim am Glan

Honneth, Axel (1994): *Kampf um Anerkennung. Zur moralischen Grammatik sozialer Konflikte.* Frankfurt/Main

Hörisch, Jochen (1980): Herrscherwort, Geld und geltende Sätze. Adornos Aktualisierung der Frühromantik und ihre Affinität zur poststrukturalistischen Kritik des Subjekts. In: Lindner, B; Lüdtke, W. (Hrsg.): *Materialien zur ästhetischen Theorie Th. W. Adornos. Konstruktion der Moderne.* Frankfurt/Main

Horkheimer, Max; Adorno, Theodor W. (1989): *Dialektik der Aufklärung. Philosophische Fragmente.* Frankfurt/Main

Hurrelmann, Bettina: Medien – Generation – Familie. In: Ingrid Gogolin, Dieter Lenzen (Hrsg.): *Medien-Generation. Beiträge zum 16. Kongress der Gesellschaft für Erziehungswissenschaft.* Opladen 1999

Hurrelmann, Klaus; Ulich, Dieter (Hrsg.) (1998): *Handbuch der Sozialisationsforschung.* 5., neu ausgestattete Aufl. Weinheim, Basel

Joas, Hans (Hrsg.) (1985): *Das Problem der Intersubjektivität.* Frankfurt/Main

Joas, Hans (1989): *Praktische Intersubjektivität. Die Entwicklung des Werks von G. H. Mead.* Frankfurt/Main

Joas, Hans (1996): *Die Kreativität des Handelns.* Frankfurt/Main

Johnson, Mark (1987): *The body in the mind. The Bodily Basis of Meaning, Imagination, and Reason.* Chicago, London

Jones, Steven G. (ed.) (1997): *Virtual Culture. Identity and Communication in Cybersociety.* London

Jörissen, Benjamin (2001): Aufführungen der Sozialität. Aspekte des Performativen in der Sozialphilosophie George Herbert Meads. In: Göhlich, Michael; Wulf, Christoph; Zirfas, Jörg (Hrsg.): *Grundlagen des Performativen. Zur Einführung in den Zusammenhang von Sprache, Macht und Handeln.* Weinheim, München (erscheinend)

Kant, Immanuel (1983a): *Kritik der reinen Vernunft.* Werke Bd. 3 & Bd.4. Darmstadt

Kant, Immanuel (1983b): Kritik der praktischen Vernunft. In: *ders., Werke Bd.6: Schriften zur Ethik und Religionsphilosophie. Erster Teil.* Darmstadt

Keupp, Heiner (1996): Bedrohte und befreite Identitäten in der Risikogesellschaft. In: *Barkhaus, Mayer, Roughley e.a. (Hrsg.) (1996),* S.380-403

Klika, Dorle (2000): Identität – ein überholtes Konzept? Kritische Anmerkungen zu aktuellen Diskursen außerhalb und innerhalb der Erziehungswissenschaft. In: *Zeitschrift für Erziehungswissenschaft* 3 (2000), H. 2, S. 285-304

Kohli, Martin (1985): Die Institutionalisierung des Lebenslaufs. Historische Befunde und theoretische Argumente. In: *Kölner Zeitschrift für Soziologie und Sozialpsychologie* 37 (1985), S.1-29

Kohlstruck, Michael (1990): *Person, Subjektivität, Identität. Materialien zur philosophischen und sozialwissenschaftlichen Diskussion über Individualisierung und Bildung.* (=Universität Bremen – Werkstattberichte des Forschungsschwerpunkts 'Arbeit und Bildung'. 8). Bremen

Krappmann, Lothar (1971): *Soziologische Dimensionen der Identität. Strukturelle Bedingungen für die Teilnahme an Interaktionsprozessen.* Stuttgart [5]1978

Krappmann, Lothar (1980): Identität - ein Bildungskonzept? In: Grohs, Gerhard u. a. (Hrsg.): *Kulturelle Identität im Wandel. Beiträge zum Verhältnis von Bildung, Entwicklung und Religion.* Stuttgart

Krappmann, Lothar (1985): Mead und die Sozialisationsforschung. In: *Joas (Hrsg.) 1985*, S. 156-178

Krappmann, Lothar (1989): Identität. In: Lenzen, Dieter (Hrsg.): *Pädagogische Grundbegriffe. Bd.1.* Reinbek b. Hamburg

Kraus, Wolfgang (1996): *Das erzählte Selbst. Die narrative Konstruktion von Identität in der Spätmoderne.* Pfaffenweiler

Kraus, Wolfgang; Mitzscherlich, Beate (1995): Identitätsdiffusion als kulturelle Anpassungsleistung. Erste empirische Ergebnisse zu Veränderungen der Identitätsentwicklung. In: *Psychologie in Erziehung und Unterricht* 42,1 (1995), S. 65-72

Kuhlmann, Dieter (1996): Biologische Möglichkeiten zum Entstehen von Identitätsvorstellungen. In: *Barkhaus, Meyer, Roughley e.a. (Hrsg.) 1996*, S. 36-57

Leibniz, Gottfried Wilhelm (1959): *Neue Abhandlungen über den menschlichen Verstand.* Philosophische Schriften, Bd. III. Darmstadt [2]1985

Leibniz, Gottfried Wilhelm (1982): *Vernunftprinizipien der Natur und der Gnade. Monadologie.* Hamburg

Lenzen, Dieter (1991): Moderne Jugendforschung und postmoderne Jugend. Was leistet noch das Identitätskonzept? In: Helsper, Werner (Hrsg.): *Jugend zwischen Moderne und Postmoderne.* Opladen, S. 41-56

Leroi-Gourhan, André (1988): *Hand und Wort. Die Evolution von Technik, Sprache und Kunst.* Frankfurt/Main [2]1995

Levita, David J. de (1971): *Der Begriff der Identität.* Frankfurt/ Main

Lewis, J. David (1979): A Social Behaviorist Interpretation of the Meadian „I". In: *American Journal of Sociology* 85,2 (1979), S. 261-287

Leys, Ruth (1993): Mead's Voices: Imitation as Foundation, or, The Struggle against Mimesis. In: *Critical Inquiry* 19 (Winter 1993), S. 277-307

Linke, Detlef B. (1996): *Hirnverpflanzung. Die erste Unsterblichkeit auf Erden.* Reinbek bei Hamburg

Locke, John (o.J.): *An Essay Concerning Human Understanding. 6th Edition.* (Nachdruck der Columbia University). Internet: www.ilt.columbia.edu/academic/digitexts/locke/understanding.html (Dezember 1996)

Locke, John (1981): *Versuch über den menschlichen Verstand.* Hamburg

Lohauß, Peter (1995): *Moderne Identität und Gesellschaft. Theorien und Konzepte.* Opladen

Lorenz, K. (1976): Identität. In: Ritter, Joachim (Hrsg.): *Historisches Wörterbuch der Philosophie. Bd. IV.* Basel. S. 144-148

Luhmann, Niklas (1994): Copierte Existenz und Karriere. Zur Herstellung von Individualität. In: *Beck, Beck-Gernsheim (Hrsg.) 1994,* S. 191-200

Lüscher, Kurt (1990): Zur Perspektivik des Handelns in unserer Gegenwart. Überlegungen im Anschluß an G. H. Mead. In: *Zeitschrift für Sozialisationsforschung und Erziehungssoziologie* 10,3 (1990), S. 255-267

Mahler, Margaret S.; Pine, Fred; Bergman, Anni (1980): *Die psychische Geburt des Menschen. Symbiose und Individuation.* Frankfurt/Main 1996 ([1]1980)

Malhotra, Valerie Ann (1987): From 'Self' to 'Dasein'. A Heideggerian Critique of Mead's Social Psychology. In: *Studies in Symbolic Interaction* 8 (1987), S. 23-42

Marcuse, Herbert (1995): *Triebstruktur und Gesellschaft. Ein philosophischer Beitrag zu Sigmund Freud.* Frankfurt/Main

Marotzki, Winfried (1997): Digitalisierte Biographien? Sozialisations- und bildungstheoretische Perspektiven virtueller Welten. In: Lenzen, Dieter; Luhmann, Niklas (Hrsg.): *Bildung und Weiterbildung im Erziehungssystem. Lebenslauf und Humanontogenese als Medium und Form.* Frankfurt/Main

Marotzki, Winfried; Sandbothe, Mike (2000, erscheinend): *Digitale Subjektivität. Bildungsphilosophische Grundlagenprobleme virtueller Welten.* Weinheim

Marquard, Odo; Stierle, Konrad (Hrsg.) (1979): *Identität.* (=Poetik & Hermeneutik. VIII). München

Maset, Pierangelo (1993): Aspekte einer Pädagogik der Differenz. In: *Kunst + Unterricht* 26,176 (1993), S. 34-35

McCarthy, E. Doyle (1984): Toward a Sociology of the Physical World: George Herbert Mead on Physical Objects. In: *Studies in Symbolic Interaction* 5 (1984), S. 105-121

Mead, George Herbert (o.J.a): Körper und Geist. In: *Mead 1987b,* S. 88-184

Mead, George Herbert (o.J.b): *The human individual . . .* [Manuskript aus dem Mead-Nachlaß Austins, bibliographiert nach Joas 1989, S. 230, Anmerkung 27]

Mead, George Herbert (o.J.c): Wissenschaft und Lebenswelt. In: *Mead 1987b,* S. 14-87

Mead, George Herbert (1900): Vorschläge zu einer Theorie der philosophischen Disziplinen. In: *Mead 1987a*, S. 60-80

Mead, George Herbert (1904): Die Beziehungen von Psychologie und Philologie. In: *Mead 1987a*, S. 171-189

Mead, George Herbert (1907): Über tierische Wahrnehmung. In: *Mead 1987a*, S. 149-158

Mead, George Herbert (1909): Sozialpsychologie als Gegenstück der physiologischen Psychologie. In: *Mead 1987a*, S. 199-209

Mead, George Herbert (1910): Soziales Bewußtsein und das Bewußtsein von Bedeutungen. In: *Mead 1987a*, S. 210-221

Mead, George Herbert (1912): Der Mechanismus des sozialen Bewußtseins. In: *Mead 1987a*, S. 232-240

Mead, George Herbert (1913): Die soziale Identität. In: *Mead 1987a*, S. 241-249

Mead, George Herbert (1922): Eine behavioristische Erklärung des signifikanten Symbols. In: *Mead 1987a*, S. 290-298

Mead, George Herbert (1925): Die Genesis der Identität und die soziale Kontrolle. In: *Mead 1987a*, S. 299-328

Mead, George Herbert (1927): Die objektive Realität der Perspektiven. In: *Mead 1987b*, S. 211-224

Mead, George Herbert (1932a): *Philosophy of the Present. (Edited by Arthur E. Murphy)*. Chicago

Mead, George Herbert (1932b): *Mind, Self and Society from* the Standpoint of a Social Behaviorist *(Edited by Charles W. Morris)*. Chicago

Mead, George Herbert (1932c): Das physische Ding. In: *Mead 1987b*, S. 225-243

Mead, George Herbert (1936): *Movements of Thought in the Nineteenth Century*, Edited by Merritt H. Moore. Chicago

Mead, George Herbert (1938): *Philosophy of the Act*. Edited by Charles W. Morris with John M. Brewster, Albert M. Dunham and David Miller. Chicago

Mead, George Herbert (1969): *Philosophie der Sozialität. Aufsätze zur Erkenntnisanthropologie.* Frankfurt/Main

Mead, George Herbert (1973): *Geist, Identität und Gesellschaft aus der Sicht des Sozialbehaviorismus.* Frankfurt/Main [10]1995

Mead, George Herbert (1987a): *Gesammelte Aufsätze. Bd.1.* Frankfurt/Main

Mead, George Herbert (1987b): *Gesammelte Aufsätze. Bd.2.* Frankfurt/Main

Meuter, Norbert (1995): *Narrative Identität. Das Problem der personalen Identität im Anschluß an Ernst Tugendhat, Niklas Luhmann und Paul Ricoeur.* Stuttgart

Meyer-Drawe, Käte (1984): *Leiblichkeit und Sozialität. Phänomenologishce Beiträge zu einer pädagogishcen Theorie der Inter-Subjektivität.* München

Meyrowitz, Joshua (1987): *Die Fernsehgesellschaft. Wirklichkeit und Identität im Medienzeitalter.* Weinheim

Miller, Max; Weissenborn, Jürgen (1998): Sprachliche Sozialisation. In: *Hurrelmann, Ulich (Hrsg.) 1998*, S. 531-549

Mollenhauer, Klaus (1983): *Vergessene Zusammenhänge. Über Kultur und Erziehung.* München

Nagasawa, Kunihiko (1987): *Das Ich im deutschen Idealismus und das Selbst im Zen-Buddhismus.* München

Neubert, Stefan (1998): *Erkenntnis, Verhalten und Kommunikation. John Deweys Philosophie des "experience" in interaktionistisch-konstruktivistischer Interpretation.* Münster

Nietzsche, Friedrich (1988): *Also sprach Zarathustra.* Stuttgart

Nunner-Winkler, Gertrud (1983): Das Identitätskonzept. Eine Analyse impliziter begrifflicher und empirischer Annahmen in der Konstruktbildung. In: *Beiträge zur Arbeitsmarkt- und Berufsforschung der Bundesanstalt für Arbeit. Hochschulexpansion und Arbeitsmarkt.* Nürnberg, S. 151-178

Nunner-Winkler, Gertrud (1985): Identität und Individualität. Kriterien aus der Innen- und der Außenperspektive. In: *Soziale Welt* 36,4 (1985), S. 466-482

Pauen, Michael (1996): Mythen des Materialismus. Die Eliminationstheorie und das Problem der psychophysischen Identität. In: *Deutsche Zeitschrift für Philosophie* 44,1 (1996), S.77-99

Piaget, Jean; Inhelder, Bärbel (1986): *Die Psychologie des Kindes.* München [6]1996

Pöppel, Ernst (1993): Neuropsychologische Rekonstruktion der subjektiven Kontinuität. In: *Elepfandt, Wolters (Hrsg.): Denkmaschinen? Interdisziplinäre Perspektiven zum Thema Gehirn und Geist.* Konstanz 1993, S. 153-160

Pothast, Ulrich (1971): *Über einige Fragen der Selbstbeziehung.* Frankfurt/Main

Raiser, K. (1971): *Identität und Sozialität. George H. Meads Theorie der Interaktion und ihre Bedeutung für die theologische Anthropologie.* München, Mainz

Rauh, Hellgard (1995): Frühe Kindheit. In: Oerter, Ralf; Montada, Leo (Hrsg.), *Entwicklungspsychologie: Ein Lehrbuch.* Weinheim, S. 167-248

Reck, Siegfried (1981): *Identität, Rationalität und Verantwortung. Grundbegriffe und Grundzüge einer soziologischen Identitätstheorie.* Frankfurt/Main

Rehberg, Karl-Siegbert (1985): Die Theorie der Intersubjektivität als eine Lehre vom Menschen. George Herbert Mead und die deutsche Tradition der ›Philosophischen Anthropologie‹. In: *Joas (Hrsg.) 1985*

Reich, Kersten (1998): *Die Ordnung der Blicke.* 2 Bde. Neuwied

Riedel, Christoph (1989): *Subjekt und Individuum. Zur Geschichte des philosophischen Ich-Begriffes.* Darmstadt

Rousseau, Jean-Jacques (1955): *Über Kunst und Wissenschaft. Über den Ursprung der Ungleichheit unter den Menschen.* Hamburg

Rousseau, Jean-Jacques (1977): *Politische Schriften Bd.1: Abhandlung über politische Ökonomie. Vom Gesellschaftsvertrag. Politische Fragmente.* Paderborn

Rousseau, Jean-Jacques (1995): *Emil oder Über die Erziehung.* Paderborn, München, Wien

Schelling, Friedrich Wilhelm Joseph von (1856 ff.): *Sämmtliche Werke, hrsg. v. K. F. A. Schelling.* Stuttgart 1856-1861

Schimank, Uwe (1985): Funktionale Differenzierung und reflexiver Subjektivismus. Zum Entsprechungsverhältnis von Gesellschafts- und Identitätsform. In: *Soziale Welt* 36,4 (1985), S. 447-465

Schmidt, Friedrich W. (1987): Die Vergeblichkeit des Opfers und die Irrealität des Todes. In: van Reijen, Willem; Schmid Noerr, Gunzelin (Hrsg.): *Vierzig Jahre Flaschenpost. ›Dialektik der Aufklärung‹ 1947 bis 1987.* Frankfurt/Main 1987

Schmidt, Gerold (1976): Identität. Gebrauch und Geschichte eines modernen Begriffs. In: *Muttersprache* 86,5 (1976), S. 333-354

Schöfthaler, Traugott; Goldschmidt, Dietrich (Hrsg.) (1989): *Soziale Struktur und Vernunft. Jean Piagets Modell entwickelten Denkens in der Diskussion kulturvergleichender Forschung.* Frankfurt/Main

Schrag, Calvin O. (1997): *The Self after Postmodernity.* New Haven, London

Schütze, Fritz (1984): Kognitive Figuren des autobiographischen Stehgreiferzählens. In: Kohli, Martin; Robert, G. (Hrsg.): *Biographie und soziale Wirklichkeit.* Stuttgart 1984

Searle, John R. (1997): *Die Konstruktion der gesellschaftlichen Wirklichkeit. Zur Ontologie sozialer Tatsachen.* Reinbek bei Hamburg

Seel, Martin (1985): *Die Kunst der Entzweiung. Zum Begriff der ästhetischen Rationalität.* Frankfurt/Main

Selman, Robert L. (1977): Stufen der Rollenübernahme in der mittleren Kindheit – eine entwicklungslogische Analyse. In: *Döbert, Habermas, Nunner-Winkler (Hrsg.) 1977,* S. 109-114

Selman, Robert L. (1982): Sozial-kognitives Verständnis: ein Weg zu pädagogischer und klinischer Praxis. In: *Geulen (Hrsg.) 1982,* S. 223-255

Simmel, Georg (1983): Exkurs über das Problem: Wie ist Gesellschaft möglich? In: ders: *Schriften zur Soziologie. Eine Auswahl.* Ff/M. [5]1995, S. 275-293

Simmel, Georg (1992): Was ist uns Kant? In: ders., *Gesamtausgabe, Bd. 5: Aufsätze und Abhandlungen 1894 bis 1900.* Frankfurt/ Main 1992, S. 145-177

Sousa, Ronald de (1997): *Die Rationalität des Gefühls.* Frankfurt/Main

Spaemann, Robert (1996): Über das Identifizieren von Personen. In: *Barkhaus, Meyer, Roughley e.a. (Hrsg.) 1996*, S. 222-228

Specht, Rainer (1986): *Descartes*. Reinbek bei Hamburg

Stern, Daniel (1996): *Die Lebenserfahrungen des Säuglings*. Stuttgart

Straub, Jürgen (1991): Identitätstheorie im Übergang? Über Identitätsforschung, den Begriff der Identität und die zunehmende Beachtung des Nicht-Identischen in subjekttheoretischen Diskursen. In: *Sozialwissenschaftliche Literatur Rundschau* 23 (1991), S. 49-71

Straub, Jürgen (Hrsg.) (1998): *Erzählung, Identität und historisches Bewußtsein. Die psychologische Konstruktion von Zeit und Geschichte. Erinnerung, Geschichte, Identität 1*. Frankfurt/M.

Strauss, Anselm (1974): *Spiegel und Masken. Die Suche nach Identität*. Frankfurt/Main

Strawson, Peter (1972): *Einzelding und logisches Subjekt*. Stuttgart

Stroß, Annette M. (1991): *Ich-Identität. Zwischen Fiktion und Konstruktion*. (= Historische Anthropologie; 17). Berlin

Sutter, Tilmann (Hg.) (1994): *Soziale Kognition und Sinnstruktur*. Oldenburg

Tarde, Gabriel (1903): *The Laws of Imitation*. New York

Tarde, Gabriel (1969): *On Communication and Social Influence. Selected Papers*. Chicago, London

Taylor, Charles (1996): *Quellen des Selbst. Die Entstehung der neuzeitlichen Identität*. Frankfurt/Main

Theunissen, Michael (1983): Negativität bei Adorno. In: Friedeburg, Ludwig von; Habermas, Jürgen (Hrsg.): *Adorno-Konferenz 1983*. Frankfurt/Main 1983

Tugendhat, Ernst (1979): *Selbstbewußtsein und Selbstbestimmung. Sprachanalytische Interpretationen*. Frankfurt/Main

Turkle, Sherry (1998): *Leben im Netz. Identität in Zeiten des Internets*. Reinbek b. Hamburg

Ueda, Shizuteru (1974): Das Nichts und das Selbst im buddhistischen Denken. Zum west-östlichen Vergleich des Selbstverständnisses des Menschen. In: *Studia Philosophica* 34 (1974), S. 144-161

Urberg, Kathryn A.; Docherty, Edward M. (1982): Die Entwicklung von Fähigkeiten zur Perspektivenübernahme bei 3- bis 5jährigen Kindern. In: *Geulen (Hrsg.) 1982*, S. 168-180

Veith, Hermann (2000): *Das Jahrhundert der Sozialisation. Eine epistemologische Rekonstruktion der wissenschaftlichen Selbstbeschreibungen des modernen Menschen*. MS (Habilitationsschrift, Freie Universität Berlin)

Vernant, Jean-Pierre (1998): Individuum, Tod, Liebe. Das Selbst und der andere im alten Griechenland. In: *Gebauer (Hrsg.) 1998*, S.22-48

Wagner, Hans-Josef (1993): *Strukturen des Subjekts. Eine Studie im Anschluß an George Herbert Mead*. Opladen

Weber, Max (1996): *Die protestantische Ethik und der »Geist« des Kapitalismus.* Weinheim (zuerst 1905)

Welsch, Wolfgang (1995): Künstliche Paradiese? Betrachtung zur Welt der elektronischen Medien - und zu anderen Welten. In: *Paragrana* 4,1 (1995), S. 255-277

Wenzel, Harald (1985): Mead und Parsons. Die emergente Ordnung sozialen Handelns. In: *Joas (Hrsg.) 1985*, S. 26-59

Wiersing, Erhard (1993): Überlegungen zum Problem mittelalterlicher Personalität. In: Roeckelein, Hedwig (Hrsg.): *Biographie als Geschichte.* Tübingen 1993

Wimmer, Michael; Wulf, Christoph; Dieckmann, Bernhard (1996): *Das zivilisierte Tier. Zur historischen Anthropologie der Gewalt.* Frankfurt/Main

Wittgenstein, Ludwig (1967): *Philosophische Untersuchungen.* Frankfurt/Main

Wittgenstein, Ludwig (1970): *Über Gewißheit.* Frankfurt/Main

Wulf, Christoph (1989a): Mimesis. In: Gebauer, Gunter; Lenzen, Dieter; Mattenklott, Gert; Wulf, Christoph; Wünsche, Konrad: *Historische Anthropologie. Zum Problem der Humanwissenschaften heute oder Versuche einer Neubegründung.* Reinbek bei Hamburg 1989, S. 83-125

Wulf, Christoph (1989b): Religion und Gewalt. In: Kamper, Dietmar; Wulf, Christoph (Hrsg.): *Das Heilige. Seine Spur in der Moderne.* Bodenheim 1989

Wulf, Christoph (1996): Mimesis und Ritual. In: Hager, Frithjof; Schwengel, Hermann (Hrsg.): *Wer inszeniert das Leben? Modelle zukünftiger Vergesellschaftung.* Frankfurt/Main 1996, S. 209-219

Wulf, Christoph (1996b): Die Unhintergehbarkeit der Gewalt. In: *Wimmer, Wulf, Dieckmann (Hrsg.) 1996*

Wulf, Christoph (1998): Mimesis in Gesten und Ritualen. In: *Paragrana* 7,1 (1998), S. 241-263

Wulf, Christoph; Kamper, Dietmar; Gumbrecht, Hans Ulrich (Hrsg.) (1994): *Ethik der Ästhetik.* Berlin

Wund, Wilhelm (1911): *Völkerpsychologie, Bd.1.* Leipzig